# TUSHU
## BIANJI SHIWU

# 图书
# 编辑实务

主　编　徐金娥

副主编　田远明　孙　敏　张　慧

西南交通大学出版社

·成都·

图书在版编目（ＣＩＰ）数据

图书编辑实务 / 徐金娥主编. —成都：西南交通
大学出版社，2014.9
高等职业教育文化产业类系列规划教材
ISBN 978-7-5643-3417-8

Ⅰ．①图… Ⅱ．①徐… Ⅲ．①图书－编辑工作－高等
职业教育－教材 Ⅳ．①G232.2

中国版本图书馆 CIP 数据核字（2014）第 203162 号

高等职业教育文化产业类系列规划教材

## 图书编辑实务

徐金娥　主编

| | |
|---|---|
| 责 任 编 辑 | 罗小红 |
| 封 面 设 计 | 墨创文化 |
| 出 版 发 行 | 西南交通大学出版社<br>（四川省成都市金牛区交大路 146 号） |
| 发行部电话 | 028-87600564　028-87600533 |
| 邮 政 编 码 | 610031 |
| 网 　 　 址 | http: //www.xnjdcbs.com |
| 印 　 　 刷 | 四川川印印刷有限公司 |
| 成 品 尺 寸 | 170 mm × 230 mm |
| 印 　 　 张 | 13.5 |
| 字 　 　 数 | 241 千字 |
| 版 　 　 次 | 2014 年 9 月第 1 版 |
| 印 　 　 次 | 2014 年 9 月第 1 次 |
| 书 　 　 号 | ISBN 978-7-5643-3417-8 |
| 定 　 　 价 | 29.80 元 |

课件咨询电话：028-87600533

# 前　言

图书编辑工作是图书出版的核心和基础工作,本书全面阐述了图书出版过程中编辑在各个环节所参与和发挥的基础核心作用,介绍了新时代背景下编辑应掌握的基本技能。根据图书出版的各个环节,本书分别介绍了图书的历史、书籍的构成与计量、选题的基本概念、出版社的选题策划程序和如何进行图书的选题策划等知识;在图书的编辑加工环节重点介绍了如何谨慎进行组稿、怎样审稿、如何编辑加工以及如何正确使用校对方法等;详细介绍了编辑应掌握的排版基础知识、排版的注意事项、认识图书读者特点、了解图书经营难点、掌握图书营销策略、了解出版管理内容、规避著作权侵权风险、如何引进国外优秀著作等。

本书在体系结构上共分为7章,由徐金娥担任主编,田远明、孙敏、张慧担任副主编。具体编写人员及分工如下:徐金娥(重庆城市管理职业学院)负责编写第1章、第3章,陆艳(重庆大学出版社有限公司)负责编写第2章,孙敏(重庆城市管理职业学院)负责编写第4章,田远明(重庆市公安局南岸区分局)负责编写第6章,张慧(重庆城市管理职业学院)负责编写第5章,孙英姿(重庆大学出版社有限公司)负责编写第7章。全书由徐金娥负责框架的构建,孙敏负责统稿,参编的各位老师在教材的修改定稿上做了大量的工作。

在本书的编写过程中,我们参考了大量有关的书籍及论文,引用了许多专家学者的资料,作者尽可能在参考文献中进行详细注明,在此对他们表示衷心的感谢!

由于图书出版行业的发展还处在一个不断探索的过程中,再加上编写时间和能力水平有限,书中难免存在不足之处,敬请广大读者和专家同行批评指正,不吝赐教。

编　者

2014 年 7 月

目录 MULU

# 能力单元一

# 认识图书

## 单元概述

### 一、单元能力标准

| 能力要素 | 实作标准 | 知识要求 |
|---|---|---|
| 1. 认识图书的历史<br>2. 掌握书籍的构成与计量<br>3. 书籍分类 | 1. 了解文字的发展<br>2. 知道书籍的产生<br>3. 了解出版业的发展脉络<br>4. 学会认识图书的各部分构成<br>5. 区分书籍的分类 | 1. 文字的发展历程<br>2. 书籍的演变<br>3. 正文和辅文的区别及作用<br>4. 图书各种计量方法的特点<br>5. 书籍分类标准 |

### 二、单元学习目标

学习者能够独立完成对一本图书各组成部分的认识，并能运用所学知识对各种图书进行正确的分类和计量。

### 三、单元内容描述

认识文字的发展；了解图书的产生历史；掌握图书各组成部分的特点和功能；学会运用正确的图书计量方法。

## 四、学习本单元的先决条件

学习者具备一定的听、说、读、写能力；具有一定的判断思维能力，并善于思考，能按照教师制定的活动程序完成"任务"。

## 五、单元学习资源

| 学习参考资料 |
| --- |
| 中华博物网 http：//www.gg-art.com/<br>中国图书出版网 http：//www.bkpcn.com |

## 六、单元学习方法建议

可采用小组讨论法进行教学，也可以采用任务导向式的方法进行学习，尽可能多地带领学生现场实作，课堂上教师讲授的时间原则上控制在教学时间的 1/2 以内，充分利用学生之间的互相学习和任务完成达到机能学习的目标。每一个单元结束后，必须安排鉴定与测试，同时用统一的问卷收集信息反馈，分析教学情况并做出及时的调整。

## 任务一　认识图书的历史

### 走进课堂

书是什么？是人类文明的伟大标志，是人类智慧、意志、理想的最佳体现，是人类表达思想、传播知识、积累文化的物质载体。中国有着悠久的文化渊源，历史上的中国古籍，天头地脚、行栏牌界、版式、字体等，都有独特的民族风格和审美特色。了解中国书籍的演变，有益于从一个侧面更好地了解中华民族的历史，更加珍视祖国优秀的文化遗产，从而增强民族自信心和自豪感。

1. 你知道图书是怎样产生的吗？
2. 你了解图书的历史吗？

# 一、书籍的产生

## 1. 陶　器

龙山文化（公元前 25—前 20 世纪）和良渚文化（公元前 33—前 22 世纪）的陶器上已经发现了刻画的简单的文字，是我国发现的最早的文字，称为陶文。这一时期的陶文尚未被辨认出来，很可能是一种消逝了的文字。但从中可以证明，陶器是已知最早的人工制作的文字载体。（见图 1-1-1）

图 1-1-1　陶器

## 2. 甲　骨

商周（公元前 16—前 11 世纪）后期的甲骨文书。甲是指龟甲，骨是指兽骨，主要是牛的肩胛骨，写刻在甲骨上的文字被后人称为骨古文。因这些文字是商王朝用龟甲兽骨占卜凶吉时写刻的卜辞和与占卜有关的记事文字，故又被称作契文、卜辞；又因甲骨最初出土于河南安阳小屯村的殷墟，故又被称作殷墟甲骨或殷墟文字。甲骨上记载的内容并不是为了传播知识，因此不能称为正规的书籍，但它是历史上一种重要的文字载体。（见图 1-1-2）

图 1-1-2 甲骨文

### 3. 带有铭文的青铜器

中国的青铜时代从公元前 21 世纪开始，直到公元前 5 世纪止，经历了 1 500 多年的历史，大体相当于夏、商、周以至春秋时期，大约在商代晚期的第二期铜器上才出现铭文。较早的铭文只有几个字，商代末年开始有较长的铭文，最长的有三四十个字，西周的铜器铭文增多，有近 500 字的长文，多为与祀典、锡命、征伐、契约有关的记录。青铜器的铭文记载了我国许多古代文献，因此后人称之为青铜器的书。（见图 1-1-3）

图 1-1-3 青铜器

### 4. 写有文字的石片和玉片

1965—1966 年，在山西省侯马晋城遗址出土了一大批春秋晚期写有文字

4

的玉片和石片。这批玉石文书的内容是反映韩、赵、魏三国分晋前夕，晋国世卿赵鞅为战胜敌对势力，巩固内部团结，同卿大夫间举行盟誓时订立的盟约，故称为"侯马盟书"。盟书一式两份，一份藏于盟府，一份埋于地下或沉在河底，以取信于鬼神。侯马盟书是用毛笔书写的，多数为朱红色，少数为黑色。侯马盟书的发现，表明春秋晚期的人们已经有意识整制玉石成片，使之适于书写，作为文字的载体。（见图 1-1-4）

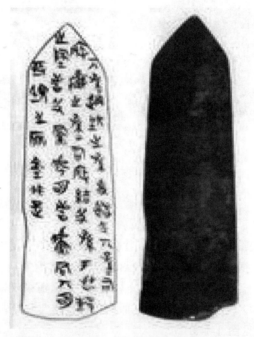

图 1-1-4　石片和玉片

## 5. 石　雕

除陶器、甲骨、青铜器之外，古人还在石头上刻字，谓之石雕。战国时代，在石头上刻字已经流行。现存最早的石雕是陕西出土的石鼓，是战国时代秦国的石刻。雕刻在石碑、摩崖上的儒家经典和佛、道经典，谓之石经。历史上最著名的石经是汉灵帝熹平四年至光和六年（公元 175—183 年）雕刻的《熹平石经》，熹平石经之后，历代都有石经传世，如三国时期的《正始石经》，又称《三体石经》，唐文宗开成二年的《开成石经》，五代蜀广政元年至二十八年刻的《后蜀石经》，宋仁宗庆历元年始刻的《北宋国子监石经》，南宋高宗用楷书手写付雕的《御书石经》以及清朝的《清乾隆石经》等。在文

字传播的准确性和广泛性上，石雕具有更大的意义，被后人称为石头书。（见图 1-1-5）

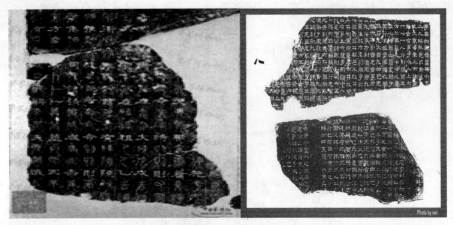

图 1-1-5　石雕

## 6. 简　牍

中国古代用竹、木制成的书写材料，是我国最早的正式书籍。

简牍一般为长篇著作或文字，版牍的主要用途是记录物品名目或户口，也可画图和通信。据考证，在公元前 1 300 多年（商代末期），我国已有简策，简牍后世一直沿用到印刷术发明之后，其间以春秋到东汉末年最为盛行。东汉以后逐渐为纸写本所代替。迄今发现最早的简牍实物是战国时期写有文字的竹简和木牍。（见图 1-1-6）

图 1-1-6　简牍

## 7. 帛 书

帛书是写在缣帛（丝织品）上的书。《墨子》一书中有"书之竹帛，镂之金石，琢之盘盂"的记载。帛书起源于春秋时期，实物则以1942年长沙子弹库楚墓出土的为最早。战国时代，帛书与简牍并用。三国以后，纸逐渐通行，帛书随之渐少。帛书的使用时间大约在战国到三国之间，即公元前4世纪到公元3世纪，长达七八百年之久。（见图1-1-7）

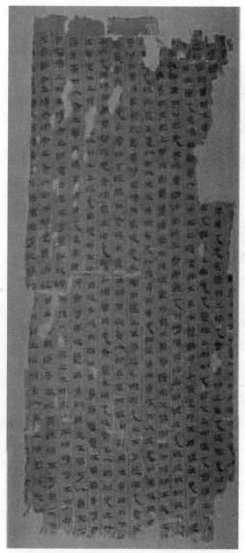

图 1-1-7　帛书

## 8. 拓 印

在纸张开始流行的时代，石雕也很盛行，导致了捶拓方法的发明。拓印的方法是用微带黏性的药水洇湿碑面，铺以纸张，用鬃刷轻轻捶打，使纸密着于石面，砸入字口，然后在纸上捶墨。这种方法拓下来的纸片称作"拓片"，用拓片装订成册的称作"拓本"。拓印本既不像简策那样笨重，也不像帛书那样贵重，又可以省去校对和抄写的麻烦，而且随要随拓，便于携带。这就大大方便了书籍的传播，促进了文化事业的发展。拓印是雕版印刷术的先驱。（见图 1-1-8）

图 1-1-8　泰山石刻拓印

## 9. 写本书

东晋末（公元 404 年）桓玄帝下令废简用纸，纸材取代简牍成为普遍采用的书籍材料，此后直到印刷术发明初期，在纸上抄写是成书的主要方法。由于纸的来源充足，抄写容易，使得文字、书籍的传播更加广泛。隋唐时期是我国写本书的极盛时期。由于当时社会趋于稳定，科学技术发展较快，宗教盛行，使得要求记录和书写的东西不断增加，同时随着手工业迅速发展，造纸技术不断进步，为抄写书者提供了物美价廉的书写材料，从而促进了抄书业的迅速发展。（见图 1-1-9）

图 1-1-9　北朝珍品手写经书《大般涅槃经如来性品》

## 10. 雕版印刷术

雕版印刷术是积累了印章、碑刻、木板写字刻字、印封泥等经验逐渐发展起来的，是中国古代四大发明之一。其发明应在唐或更早的年代，现存最早的雕版印刷品是 1966 年在韩国东南部庆州佛国寺释迦塔内发现的汉字译本《无垢净光大陀罗尼经》。雕版印刷的板材，古人用梓木，故称刻版为"刻梓"或"付梓"。以后也广泛使用梨木和枣木，故刻版亦被称为"付之梨枣"。雕版最通用的工艺是将锯好的木板经过水浸、抛光、搽油等方法处理，然后写样、雕刻，制成字版。印刷是把墨涂在文字上，铺以纸张，用棕刷在纸背上刷印，制成白纸黑字的印刷品。（见图 1-1-10～图 1-1-13）

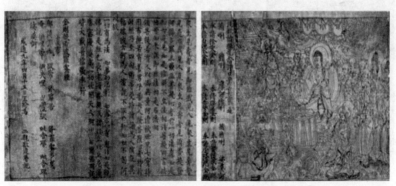

图 1-1-10　现存最早有明确日期记载和精美扉画的唐咸通本《金刚经》佛教印刷

图 1-1-11　现存韩国庆州博物馆的唐早期印刷品

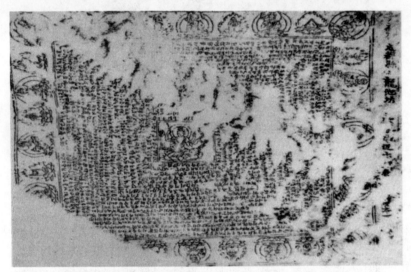

图 1-1-12　现存最早的印刷品　梵文《陀罗尼经咒》

图 1-1-13　雕版

## 11. 活字印刷术

活字印刷术的发明是印刷史上一次伟大的技术革命。活字印刷有泥活字、木活字以及锡、铜、铅等金属活字。此法是印刷史上的根本性变革，对推动世界文明的发展产生了深远的影响。（见图1-1-14、图1-1-15）

图1-1-14　活字印刷的字模　　　　图1-1-15　活字印刷

# 二、图书出版业发展的几个阶段

## 1. 古代图书（使用机械印刷技术之前）

古希腊早期所使用的文字载体与巴比伦一样，是泥版文书。考古学家在克里特岛上的克诺索斯王宫废墟发现2000多块泥版文书，同时也使用古埃及人的纸草纸。纸草纸是用一种名为"纸莎草"的芦苇科植物制成的，纸草生长在死水之中，古代，尼罗河流域曾生长有大量纸莎草，而今则不多见。羊皮纸（Parchment）一词来自古希腊时期文化中心之一的帕加马（pergamon，今日土耳其之Bergama）。从公元前2世纪起，羊皮纸与纸草纸同时被普遍使用。羊皮纸在公元4世纪左右，逐渐取代纸草纸，成为主要的书写材料，此后相当长时间，是欧洲主要的文献载体。

梵文，不仅是印度的古典语言，也是佛教的经典语言。梵文佛典起初是书写在贝多罗树叶上的，故又称"贝叶经"。在造纸技术还没有传到印度之前，印度人就用贝树叶子书写东西，佛教徒们也用贝叶书写佛教经典和画佛像，"贝叶经"的名字由此而来。

## 2. 近代图书

近代图书发展时期，在西方始于 15 世纪，在中国始于鸦片战争，但基本上同在 20 世纪中期后结束。

出版业是在出版物具有商品价值以后形成的一种行业，其沿革因地区或国家而异。产业化的图书出版活动在近代拉开了序幕，至第二次世界大战前世界图书出版产业初露峥嵘。图书出版活动的组织方式向现代企业发展，"公司式"出版机构代替"家族式"出版单位；图书出版产业开始规模化经营，出现兼并风潮，从而降低了图书生产成本，增强了竞争优势；开始出版印量极大的廉价纸皮书。

## 3. 现代图书

第二次世界大战冲击了世界出版业，但也使人们又一次增加了对图书的需求。第二次世界大战后，计算机、通信、网络等现代技术迅猛发展并融入到图书出版活动中，产生了新的数字复制技术，使得人类图书出版活动出现前所未有的变化。

现代图书出版业的发展态势表现为：第一，市场法则使出版产业向集团化、跨国化（国际化）、垄断化方向发展。第二，出版产业结构更趋合理，分工更适应集团化、规模化经营的要求。第三，推动发行渠道的多样化及开通国际书刊市场，成为出版产业发展的关键。大型批发公司在发行和流通体系中发挥越来越重要的作用，超级书店、连锁书店发展迅速。"图书俱乐部"活动对发行的促进作用很明显。多种经营成为大型出版集团发展的一个方向。第四，产业合作与冲突并存，尤其表现在发达资本主义国家对全球出版产业的垄断与广大发展中国家的民族出版产业的独立和崛起之间。

## 4. 未来图书

目前国内学术界以及社会各界初步认定："电子书代表人们所阅读的数字化出版物，从而区别于以纸张为载体的传统出版物，电子书是利用计算机技术将一定的文字、图片、声音、影像等信息，通过数码方式记录在以光、电、磁为介质的设备中，借助于特定的设备来读取、复制、传输。"

电子书由三要素构成：① 电子书的内容，它主要是以特殊的格式制作而成，可在有线或无线网络上传播的图书，一般由专门的网站编辑而成。② 电子书的阅读器，它包括个人计算机，个人手持数字设备（PDA），专门的电子设备，如"翰林电子书"。③ 电子书的阅读软件，如 ADOBE 公司的 AcrobatReader，Glassbook 公司的 Glassbook，微软的 MicrosoftReader，超星公司的 SSReader 等。可以看出，无论是电子书的内容、阅读设备，还是电子书的阅读软件，甚至是网络出版都被冠以电子书的头衔。

---

**活动 1.1**

### 正确认识电子书

**活动目的：** 电子书（e-book）是图书吗?"是"还是"不是"？

**活动步骤：** 第一步，仔细阅读图书出版业的发展阶段。

第二步，分析电子书是否是图书。

第三步，说明并分析理由。

**活动建议：** 可以采用小组讨论的方式。

---

### 思考与练习

广义上电子书包含电纸书，但是细分起来，其实电子书的定义包括的内容中并不包含电纸书，具体区别如下：简单说"电纸书"就是电子阅读器，是一种电子终端，就是可以读书的数码小电器。它是一种采用电子纸的显示屏幕的新式数字阅读器，可以阅读网上绝大部分格式的电子书比如 PDF、CHM、TXT 等。与传统的手机、mid、umpc 等设备比较，采用电子纸技术的电子书阅读器的优点是辐射小、耗电低、不伤眼睛、携带方便，而且它的显示效果逼真，看起来和纸质书本的效果一样。电子书通俗来讲一般是指"电子书籍"，即数字化的出版物，也可以理解为以 PDF、DOC、CEB、TXT 或者图片格式存在的书籍，更可以直接理解为是数字化的文字内容。

### 【问题】

1. 电纸书是电子书吗？
2. 电纸书和电子书是什么关系？

### 课堂作业一

1. 简要列出书籍产生的过程。

2. 梳理图书出版业发展经历的阶段。

# 任务二 掌握书籍的构成与计量

**走进课堂**

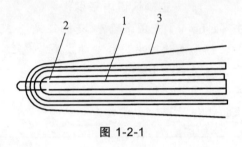

图 1-2-1

**思考与提示**

1. 你能正确说出图中数字所代表的是图书的哪个部分吗?
2. 你能正确区分图书的正文和辅文吗?

## 一、书籍的构成

从内容结构看,任何图书都由正文和辅文两部分组成。正文是著作的本文,是表现著作主要内容的部分。辅文是指书中帮助读者理解和利用正文内容的材料,以及印在书上向受众(包括读者、购买者、书店、图书馆、科研情报单位等)提供有关本书的各种信息。正文是书的主体,辅文处于从属地位。两者的关系虽然是主从关系,但又是互相依存的。没有辅文就无所谓正文,也就没有整体的图书。

图书正文的篇章结构最基本的层次划分是章节。小于章节的层次可以有条、款、项等。分辑(部、卷、编)标题有时单独占一页,称辑封或篇章页。

辅文的种类很多,按位置来划分,有在正文前的(扉页、出版说明、序言等),有在正文上的(书眉、眉批),有在正文中的(夹注等),有在正文下的(脚注、下书眉等),有在正文旁的(旁题、中缝、书耳等),有在正文后的（跋、后记、参考书目、附录等）。辅文的位置并不固定，例如，版本记录页可印于扉页的背面或图书的最后一页（后环衬之前），有的书受印张的限制，也可印于封底的一角。中文图书的目录多印于正文前，但也有印于正文后的；俄文图书的目录则以印于正文后为常规。

图书的辅文按功能可分三大类，即识别性辅文、说明和参考性辅文以及检索性辅文。

### 1. 识别性辅文

识别性辅文是出版者提供给读者和购买者关于一本书的最基本的信息，就是书名、作者名、出版社名、出版时间、开本、篇幅、书号、定价及内容介绍等。这些是一本书区别于其他书的重要标志。图书的识别标志集中印在版本记录页上。其中有：

（1）书名（包括副题、汉语拼音等）。

（2）作者（著者、编者、译者、校注者等）的姓名或笔名。

（3）出版社参加工作的人员（责任编辑、封面和版式设计人员、绘图和校对人员）的姓名。

（4）卷次、册次、版次、印次。

（5）出版者、印刷者和发行者的名称、标志、出版地点。

（6）发排、付印、出版时间。

（7）开本、印张、字数。

（8）发行方式（如为内部发行或限国内发行、限特定范围内发行等，均须标明）。

（9）定价。

（10）书号。

### 2. 说明和参考性辅文

辅文有说明性的，有参考性的，也有二者兼备的，因之归为一类。其中包括：编辑说明、出版说明、凡例、前言、序言（自序、他序、译序、代序）、跋、后记、注释、附录、参考书目、勘误表等。

前言多用于教材、文选等编写或编辑的图书，序言则多用于专著。两者的含义基本相同，有时通用。序言和绪论不同，序言是正文前的辅文，绪论又称绪言、导言、引言、导论或引论，是正文的一部分，位于序言之后。论著通常由绪论、本论和结论三部分组成。绪论是本论的先导，讲主题是怎样提出来的，其实质如何，采取什么立场、观点和方法进行研究。有时书稿在序言中详细论述本书主题的研究方法、历史和现状．这些移至绪论更适宜。在绪论中如有讲述本书写作经过或感谢别人帮助的话，也应改到序言当中去。

后记又称跋，与序言、前言不仅位置不同，写作的侧重也不同。尽管有些内容（如分工、致谢等）放入前言或后记均可，写作完成后的感想、作品读后才需要解答的问题应当写入后记。后记不能同学术著作的结束语和文学作品的尾声混淆。后者是正文的一部分。

注释是以附加文字对正文的某一部分加以解释、补充、考证、订正或评论，作用在于帮助读者扫除阅读的障碍，加深对正文内容的理解，或为进一步研究提供参考材料。注释按位置可分文中注（夹注）、文下注（脚注）、文旁注（边注）、文末注（尾注）。尾注又分篇末注、章末注、书末注等，排在篇章或书的末尾，正文后面。它们是全书或篇章的一部分，不宜称篇后注、章后注、书后注。

附录是与正文有关系但不直接写入正文的材料。这些材料具有独立存在的价值，对正文内容起补充或参考作用。附录的种类繁多，因书而异，但要注意不能把附录的范围搞得过宽，把正文后面的各种辅文全部当成附录，例如把参考书目和索引列为附录就不适宜。参考书目开列作者曾经参考利用过的文献资料，帮助读者了解本书资料的来源、使用范围、新颖程度以及作者立论的依据，这是学术著作所必需的，不是偶然附加上去的。

### 3. 检索性辅文

检索性辅文主要有目录、索引、书眉、检标等。

（1）目　录。

目录是出现最早的检索工具之一。图书目录是依次序编排的正文和辅文的标题及其在书中出现的页码，供了解全书结构和检索使用。目录几乎是一切图书所不可缺少的，只有章的序次而无文字标题的作品及内容单薄的小册子有时不排目录。

（2）索引。

索引是图书的主要检索工具，其作用在于为查找资料、有选择地阅读和全面利用书的内容提供线索。编制索引可以帮助发现原稿的问题，例如专门用语前后不统一，内容重复等。

（3）书眉。

书眉是横排本印在版心上方的书名、篇章节题或字头、词目等。其作用在于提示本页的内容，帮助读者迅速找到所需要的章节或条目，使读者在阅读过程中一看书眉就可知道自己读到了什么地方。

古书边栏外上角有时刻有一个凸出的小方格，其中刻简短的篇名或卷次，这种检索工具称书耳。书眉、书耳等印在页面上，要把书打开才能看得见。

（4）检标。

现代大型工具书为使读者从外面能直接看到检索的标志，有时在翻口外（外白边）依次印出不同的部、字首或首字母，在其上挖出拇指状的缺口。这种检索工具称"书指""检标"或"拇指索引"。这些检标因为处在不同的水平上，由高往低依次排列，所以又称"梯标"或"踏步口"。

多卷集的书脊只印书名、卷次，或者再加上出版社名，都不能提示本卷的内容。如果加上提示本卷内容的文字，像《汉语大词典》各卷书脊印本卷出现的部首，《简明不列颠百科全书》中文版各类书脊印本卷字首起讫的汉语拼音，《列宁全集》中文第2版各卷书脊印著作、书信或笔记的起讫年月。这样，书脊就起了检索工具的作用。

## 二、书籍的计量

### 1. 种

"种"是图书按品种划分的基本计量单位，常用于出版统计。这里的"种"指品种。一部书本来是一个独立的整体，从理论上讲不管分成多少卷册印制发行都应当是一种书。但在实际出版工作中却有不同的处理办法。例如人民文学出版社1961年出版的《鲁迅全集》10卷本，出版时用一个书号和一个定价，同时发行，在出版统计时作为一种书；1981年出新版16卷本，每卷有各自的书号和定价，算16种书。一部书的不同版本，如精装本、平装本、32开本、64开本、横排本、竖排本、修订本、简编本等，通常都分配不同的书号。在国际标准书号或中国标准书号中都包含种次号，标准书号的数量也就是书的品种数量。种可以有高低的层次，例如一种丛书可以包含若干种著作。

### 2. 部

（1）用于篇幅较大的或成套的书。

"部"相当于"种"或"套"。如"一部《中国大百科全书》"是指1980—1993年出版的一套书，共74卷。杨家骆统计我国从先秦到清末出书181 755部、

2 369 046 卷（1946 年《新中华》杂志 4 卷 7 期），这里的部数就是种数，一部多卷集也算一种。

（2）用于计算图书实体单元，相当于册。

旧时我国出版图书，多以"部"为计量单位。新中国成立后，一般使用"种"和"册"作为图书出版发行数字的计量单位。在使用"部"时须看上下文才能确定所指的是种、套还是册。

此外，"部"还可指图书的门类、类别。《四库全书总目》分经、史、子、集四部，即四大类，部下再分若干小类。

### 3．卷

"卷"是图书或字画的计量单位。印刷术发明以前古代帛书和纸书卷起来收藏，因此书画论卷计算。短篇作品写一卷可全部容纳，一卷便是一本书。长篇作品要分几卷才能写完，这时卷便成为全书的一部分。现代沿用"卷"作为一部书的分辑名称。不过现代图书一卷比古籍一卷的篇幅要大得多。"卷"和"册"的区别在于：前者是图书按内容划分的单元，称"书目卷"；后者是由若干印页组成的实体单元，称"装订卷"。"卷"和"册"有时一致，有时不一致。例如《马克思恩格斯全集》中文版 50 卷，其中第 26 卷分三册，第 46 卷分上下两册，其余各卷均为一卷一册。《古文观止》是清初编选的，中华书局 1959 年版分两册，仍保持原来的卷次，上册含卷一至卷六，下册含卷七至卷十二。"卷"用于刊物，指在一定期限（例如一年）内出版的各期的集合，在封面、目录页等处常注明卷次和总期数。

### 4．册

"册"是装订成册的图书的计量单位，通常用来计算印数、销售数或入藏数。在古代，文字写在简上，用绳子编连起来的竹简称为"册"或"简册"。短篇作品编成一册，长篇作品往往需要分成数册。

后来"册"由书的称谓引申为书的量词。一部书分成若干本出版，一本也可称一个"分册"，其前面加序号。例如商务印书馆出版的达尔文《物种起源》分第一、二、三分册。如果按主题划分，则在"分册"前加主题词以示区别，如《辞海·语词分册》和《辞海·工程技术分册》等。

### 5．编

"编"原指把竹简串联成册的绳子，后引申为成本的书。韩愈《进学解》：

"手不停披于百家之编。""编"常用作书名，例如《甲骨文编》《经世文编》《战后世界历史长编》。一部书分成若干部分，大于章的结构单位常称"编"，如第一编、第二编、上编、下编等。

"编"的篇幅有长有短，有一编或数编一册，也有一编数册。如范文澜《中国通史简编》修订本第一、二编各一册，第三编分第一、二册。"编"有时也用作大于卷册的结构单位，例如《郭沫若全集》分《文学编》《历史编》和《才古编》，共38卷。

## 6. 集

"集"指把作品或资料汇集起来编成的书，如文集、诗集、地图集、全集、选集等。编辑的作品或资料需要分成若干集，加序号或其他区别标志，如第一集、第二集、上集、下集、初集、续集。《康熙字典》分12集，用地支名称编排顺序，如"子集""丑集"等。

"集"也是我国古代图书四部分类第四大类的名称，集部收诗、文、词、赋、散曲等。

## 7. 辑

"辑"是成套的图书或资料按内容或时间顺序编排并据此加以划分的各个部分，一套书可分若干辑。每辑包含一种或若干种书。例如《汉译世界学术名著丛书》商务印书馆已出版5辑，每辑包含图书数十种。"辑"有时通"集"。

## 8. 本

"本"意为本子，指书本、书册等。作为图书的量词，有时相当于部或种，如"这本书分上下册，五本打一包"。但在正式统计图书出版、销售、收藏数量时用"种"或"册"，不用"本"。在实际情况中，往往是多种计量单位同时使用，如有报道"大清百科全书"雍正版《钦定古今图书集成》出版的消息时称:《钦定古今图书集成》作为国图的镇馆之宝之一，共10 000卷，目录40卷，分装5 020册，共计522函，6 117部。

## 9. 篇

古代文章写在扁平的竹简上，完整的文章称"篇"。这是个形声会意字，"竹"

为形符，会意字"扁"（户＋册）为声符。唐代刘知几《史通·叙事》："句积而章立，章积而篇成。""篇"常用作文章或书的名称，如《史籀篇》《劝学篇》《圣诗篇》等，由此引申为作品的量词。"篇"也可指一部著作的组成部分。

## 10. 张、叶、页、面

"张"为纸张、图片、地图等的计量单位，如一张纸、两张地图。一整张纸如果两面印刷，一面为一个印张，两面为两个印张。

"叶"为纸张、书叶的计量单位，一张即一叶（两面）。一个印张折叠一次后形成两叶（4面），折叠两次后形成4叶（8面）。线装书通常为单面印刷，每叶编一个叶码，印在中缝处，由此处对折，所以一个叶码实际上管两个印刷面，如果加上两个不印刷的背面，就是4面。

在西方一张纸英语称 leaf（叶），一叶有两面，一面称 page，译作"页"，实际上是指页面，双面印刷时每个页面通常都有页码。一叶有两个页码。汉语"叶"有时通"页"。自我国近代采用西方印刷术，图书改用两面印刷后，"页"便有两种含义：一指印刷品中的一张纸，即一叶（a leaf），如"撕下一页"；二指双面印刷的图书中的一张纸的一面（a page）。古籍计算叶数，我国国家标准 GB3792.7—87《古籍著录规则》规定："散叶的图书著录实有叶数。如：7叶。短叶、增叶情况在附注项说明。"现代图书按单面编码计算页数。依照我国国家标准 GB 3792.2—85《普通图书著录规则》，"如一书系双面编一码时，则页数加倍计算"。

作为版式设计用语，"另页起"和"另面起"表示不同的概念。图书起首的篇章的标题及正文一般排印在奇数页上，后续的篇章从"另页起"，是指从另一张纸的起首页即奇数页起排。如果前一个篇章的文字结束于奇数页，则其后的偶数页留作空白页（空码）。"另面起"指后续的各个篇章从下一面起排，新的一面在奇数页或偶数页均可。

---

**活动 1.2**

### 区分图书的计量方法

**活动目的：** 正确对图书进行计量。

**活动步骤：** 第一步，分小组到就近图书馆寻找每种图书的计量实例。

第二步，小组成员结合图书计量方法分析寻找的图书是否符合此种计量。

**活动建议：** 分小组活动。

---

**思考与练习**

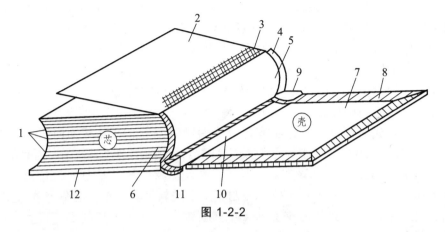

图 1-2-2

【问题】

1. 请指出图中各数字分别代表图书的什么部分？
2. 此种书属于精装书还是平装书？

**课堂作业二**

1. 选择一本图书区分它各部分的构成。
2. 列举辅文的种类。

## 任务三　区分书籍的分类

**走进课堂**

如今走进书店和图书馆常常会因为书籍的分类不同而找不到想要的书，你会遇到这样的困惑吗？

**思考与提示**

1. 你能正确说出图书的分类法吗？
2. 每种分类法有什么不同？

图书分类有重要意义，但要把图书分类工作做好，很不容易。图书馆藏书浩繁，最需要掌握正确的图书分类方法。小型图书馆可能有几万种书，中等图书馆可能有几十万种书，大型图书馆有几百万种甚至几千万种书。如果没有完善的图书分类法，管理好这些书，是不可想象的。图书馆工作最需要分类法，因此很重视图书分类法的研究。图书分类法成为一门专门的学问，是图书馆学的一个分支。

我国古代对图书分类法早有研究。两汉时刘歆，在其父刘向所著《别录》的基础上编成的《七略》，就是我国第一部图书分类法著作。《七略》将图书分成 6 大类 38 小类。三国时魏国人郑默编著了《中经》目录，西晋人苟勖又在《中经》的基础上编制了《中经新簿》目录，把图书分为甲、乙、丙、丁四部。东晋时李充在《中经新簿》的基础上编制了《晋元帝四部书目》，确定了四部分类法，一直沿用至清朝。"四部"即经、史、子、集四部，"经"指儒家经典，"史"指历史，"子"指诸子百家，"集"指诗词歌赋。乾隆三十八年（1773 年）编《四库全书》，即采用四部分类法将图书分为 4 部 44 类。新中国成立以后，我国古旧书店对古代流传下来的古籍进行图书分类，仍沿用四部分类法。《全国古籍善本书总目》的分类，也仍以四部为依据。

图书的种类较多，分类方法也由于着眼点不同而各异，主要有以下几种。

# 一、按知识门类分类

图书分类，最科学的方法是按图书的知识门类（学科）分类，图书可以分成哲学、社会科学和自然科学三大部分。由于马列主义、毛泽东思想和邓小平理论是我们指导思想的理论基础，也是一切科学的指导思想，因此把有关图书专门归作一类，放在各类图书之首；再把一些很难归入某一类的、内容广泛、跨越许多门类的综合性图书归成一类，称为"综合参考"。这样，所有图书可以分成五大部分（通俗的说法叫做"五分法"）。这种分类法虽既有思想性，又有科学性，但过于简单，因而实用价值不高。

## 1. "人大法"

1953 年 9 月，《中国人民大学图书馆分类法》（简称"人大法"）出版。该分类法根据上述的"五分法"，再将社会科学细分为 10 类，将自然科学细分为 4 类，突破了欧美的十进分类法（"十分法"）的限制，将图书分为 17 大类。该分类法成为新中国成立后普遍采用的图书分类法。"人大法"虽然有很多优点，但仍不够完善。

## 2."中图法"

1959 年，在文化部文物事业管理局领导下（当时图书馆工作归文物局管），由北京图书馆牵头，组织全国图书馆界专家，经过 6 年时间，完成了《中国图书馆图书分类法》（简称"中图法"）初稿。1971 年起，经过两年时间完成了试用本。1974 年进行了修订，1975 年出版了第一版。1979 年进行修订，1980 年出版第二版。1983 年又修订，1990 年出版第三版。1999 年出版第四版。"中图法"，是继"人大法"之后，目前我国图书馆界广泛使用的图书分类法。1986 年，国家标准局正式发布的《中华人民共和国国家标准——中国标准书号》中的分类号，规定按"中图法"进行分类。

图书分类法的具体内容，表现为图书分类表。图书分类表的内容，又分成三部分：① 大纲（基本大类），② 简表（又称基本类表），③ 正表（又称详表）。"中图法"分类表的大纲，将图书分为 22 大类。22 类的类目如下（类目前的汉语拼音字母是类目的代号）：

A 马克思主义、列宁主义、毛泽东思想、邓小平理论

B 哲学、宗教

C 社会科学总论

D 政治、法律

E 军事

F 经济

G 文化、科学、教育、体育

H 语言、文字

1 文学

J 艺术

K 历史、地理

N 自然科学总论

O 数理科学、化学

P 天文学

Q 生物科学

R 医药、卫生

S 农业科学

T 工业技术

U 交通运输

V 航空、航天

X 环境科学、劳动保护(安全科学)

Z 综合性图书

"中图法"简表，将各大类细分为 21 个中类和 3 000 多个小类（三级条目和四级条目）。"中图法"正表，分得更细（五级条目和六级条目），估计有几万个小类。分类越细，越不容易分得准确。图书馆工作人员，如果没有学科专业人员协助。很难制订完善的图书分类法，也很难把书分好类。

在此，需要指出的是，图书馆图书分类与出版发行图书分类方法是不尽相同的。

图书馆图书分类与出版发行图书分类，都是为了提高管理质量和工作效率，便于读者和工作人员按类找书，但图书馆的功能与出版发行的功能是不同的。图书馆中的图书和出版社、书店中的图书在性质上有区别，图书馆中的书不是商品，出版社、书店可以借鉴图书馆的图书分类法，但不能照搬，应该有所不同。

图书馆藏书多，分类要细。出版社出版的书，书店门市部的备书，与图书馆比，相对较少，分类可略粗。出版发行部门编辑全国总书目时，尤其是在编印历年积累的可供书目时，因品种繁多，分类也必须细，可完全采用图书馆图书分类法。图书馆的书也流动（流通），但借出的书必须归还，归还后必须放在原处，其准确度要求丝毫不差。例如，类别相同或接近的A、B、C三书，同放在一个书架的一格中，相互为邻，B书居中，A书在左，C书在右，借出后归还，仍须放在原来书架的原来那一格中，而且保持A、B、C三书的相邻位置不变。书店的书售出后，不再退回。因此，每一种书的位置不严格要求，能做到同类书放在一起，工作人员和读者容易找到即可。

图书馆给图书编号，是按照图书知识门类（学科）分类。分类很细，即使分到6级，同一类仍可能有好几种书（同类而书名不同或作者不同或版次不同），在此情况下，还须在分类下加辅助性书号（按著作者名、按著作年月、按版次号排列），力求做到同类书个别化（一码一书、一书一码）。书店没有必要分那么细，在较大的书店，至多分到4级类目就可以了（例如I文学为一级类目），I2为中国文学（二级类目），I21为中国文学作品集（三级类目），I210为鲁迅著作（四级类别）。图书馆则还往下细分，I210.1为全集，I210.2为选集等。

书店门市陈列图书，基本上按知识门类（学科）分类排列。为了照顾读者购买心理，可对图书分类作适当调整。例如，在县以下书店门市部，有关农药和化肥的书，如果分在化学工业类，读者会以为是高深的学术著作而不敢问津，分在农业科学类较好。为了便于销售和促进销售，除按知识门类（学科）排列外，还可以按需要设立各种专架或专台。

图书馆为了便于馆藏图书在全国范围内流通，做到资源共享，各图书馆的分类法力求一致。书店门市部一般没有这样严格的要求，没有必要也没有可能。

一种书出版了新版本（同一书名、同一内容、同一作者），书店就将旧版本淘汰，两种版本不会同时出售。图书馆不同，它要保存各种不同的版本，而且每一种版本有一个不同的号码。类别交叉的书，在图书馆分类时只能按其所属主要门类编号，在卡片和计算机上作互见处理。在书店门市部，为了更方便读者购买，可以将同一种书放在两个类别中。

## 二、按编辑出版形式分类

图书是精神劳动和物质劳动相结合的产品。精神劳动决定图书的内容和编辑形式，物质劳动决定图书的出版形式。图书按内容分类，主要是按知识门类（学科）分类。图书除按知识门类分类外，在出版发行工作中，还需要按编辑形式和出版形式分类。书的编辑形式和出版形式的不同，构成图书的不同版本。版本不同主要是形式上不同，有些版本在内容上也有不同，有的版本指出版时间、出版地点等的不同。

### 1. 现代图书版本

（1）按排版形式和字体分，有横排本、直排（竖排）本、大字本、繁体字本、简化字本等。

（2）按印刷方法分，有影印本、缩印本、雕刻木板本、铅印本、胶印本等。

（3）按装订和装帧分，有平装本、精装本、普及本（廉价本）、豪华本、特装本（典藏本、珍藏本）、纪念本、限印本、线装本等。

（4）按出版地点分，有本省版、外省版、京版、沪版、粤版、港版、进口原版等。

（5）按出版单位分，有人民出版社版、人民文学出版社版等。出版社称本出版社出版的书为本版，非本出版社出版的书为外版。

（6）按出版时间和版次分，有某某年初版本、某某年再版本等。

（7）按文字分，有中文书、外文书；中文书又分汉文书、少数民族文字书。汉文书又分简化字本、繁体字本。还有特地供盲人用的盲文书（又称点字书、凸字书）。

（8）按出版是否遵守版权法分，有正版和盗版，非法的称盗版。

（9）按内容变动和差异分，有新编本、重编本、修订本、增订本（增补本）、正本、节本、简明版、通俗本、插图本等。

（10）外文书的中译本因译者不同形成不同的版本。

## 2. 古籍版本

所谓"古籍"，指古代抄写刻印流传至今的图书，古代指清朝以前（含清朝），即辛亥革命以前。现代按照古籍原本影印或重新排印的书，称为重印古籍，分影印本和排印本。排印本一般不是古籍的简单重排重印，而是进行了程度不同的加工，如审定、校勘、分段、标点、注释等。古籍译成白话文，称为古籍今译。文言文与白话文对照出版，称为文白对照。

（1）按时代分，有唐写本、宋本、金元本、明本、清本。

（2）按刻书者的身份分，有官刻、私刻、坊刻。其中官刻又可以区分为监本、经厂本、殿本。

（3）按刻印地点分，有浙本、蜀本、闽本等。

（4）按刻印时间顺序分，有原刻本、后印本。

（5）按刻印质量分，有精刻、写刻、翻刻、百衲本。

（6）按字体形状大小分，有仿宋、聚珍仿宋、柳体、欧体、颜体、赵体。

（7）按图书体积大小分，有巾箱本、袖珍本。

（8）按印刷颜色分，有红印本，蓝印本，朱墨本，三色、五色、六色套印本。

（9）按印刷技术分，有刻本、石印本、活字本等。

（10）按装订形式分，有卷轴、经折、旋风、蝴蝶、包背浅装。

（11）按活字用料分，有泥活字、瓷活字、木活字、锡活字、铜活字、铅活字。

（12）按是否完整分，有完本、残本。

（13）按批注和增删状况分，有校本、批点本、增补本、注疏本、节本等。

（14）按流传情况、内容品质分，有孤本、秘本、珍本、活本、善本、禁书本、进呈本等。


# 三、按图书市场运作化程度分类

## 1. 大众类图书

大众类图书是指与大众的日常生活、休闲阅读以及文化体验相关的图书，包括艺术、音像、小说、传记、理财、儿童、烹调、宗教、旅游、保健等类别。大众类图书有三个特点。一是读者面广。大众类图书的选题几乎涵盖了人们日常生活的所有方面，从饮食起居到出门旅游，从当家理财到烹调养花，从保健养生到美容养颜，从小说、散文到人物传记，大众需求的多样化为大众类图书提供了坚实的市场基础。二是选题创意空间无限。读者的需要没有穷尽，图书的选题创意也没有穷尽。如此丰富的图书品种，增加了选题的差异性，编辑只要肯动脑筋，在选题创意中就会不断有新的发现、新的开掘。三是新的需求热点不断出现。人们生活质量的提高和消费习惯的变化，不断对大众类图书提出新的需求，不断为大众类图书提供新的市场机会。

大众类图书的这些特点，使其成了图书零售市场消费的主体。近年来我国图书市场的一些发行量超百万的畅销书，大多是大众类图书。因此，大众类图书在图书中所占的比例，反映了一个国家、地区的图书消费结构和图书出版结构。有关资料表明，在发达国家，大众类图书销售在图书销售中所占的比例都在 50% 以上，而我国大众类图书的比例只有 23%，而教育类图书却占了 63%。这个结构缺陷，既反映了我国图书结构中存在的问题，也表明大众类图书市场蕴藏着巨大的消费潜力，潜藏着无限的商机。

## 2. 教育类图书

教育类图书是指与学生学习、教师教学有关的图书，主要包括基础教育类图书和高等教育类图书两个方面。教育类图书的核心是教材，以及与之配套的教辅。近年来，随着我国教育事业的发展和建立学习型社会目标的确立，教育类图书的品种不断向新的领域延伸，除了中小学和大学教材，各种民办大学教材、职业教育教材乃至社会职业教育用书等，都纳入了教育类图书的范围，而且这些非全日制教育教材的社会需求量正在呈逐步扩大的趋势。

教育类图书的特点是资金投入大，出版周期长，出版的计划性强，编辑出版过程比较复杂，对编校质量的要求比较高，不允许出现差错。这就要求在教育类图书的编辑出版中，要抓住三个基本环节。一是抓好教育类图书的延伸拓展工作，根据我国教育事业发展的需要，在加强全日制教材及配套教辅开发的同时，抓好职业教育、民办教育、行业培训等图书选题的开发。二是教育类图书的选题应周密规划，每年出版多少品种，印数多少，编辑生产流程怎样控制，出书时间如何安排等，要与学校的教学需要相衔接，确保课前到书。三是要加强对教育类图书编校质量的管理，要增加编辑力量，增加校对次数，确保教育类图书的质量。

## 3. 专业类图书

专业类图书是指与职业和行业有关的图书。在国际出版界，专业出版以职业和行业为分类标准，通常包括财经、法律、科技、医学和大学出版五大类。专业类图书的特点是学术性强，知识含量较高，对编辑有着特殊的专业素质要求。编辑策划专业类图书选题应关注有关学科的学术动态，了解学科的最新发展态势，并善于向全国一流的专家、学者组稿，以保证图书的权威性。在专业类图书选题的论证中，尤其要重视专家、学者的意见。由于专业类图书具有高、深、专的特点，因此编辑要付出更多的时间和心血审稿，必要时出版社可聘请社外特约编辑，以确保专业类图书的质量。

## 四、其他分类方法

（1）按用途分，有教科书（课本）、教学辅导材料（简称教辅）、工具书、参考书、入门书、礼品书、特藏本（典藏本，相当于特装本）。

（2）按不同销售价格分，有平价书（也称实价书、净价书）和特价书（即廉价书、减价书）。

（3）按不同出版时间分，有新书和库存书。何谓新书无确切标准，一般称三个月内至多半年之内出版的书为新书，此外为库存书。

（4）按不同销售情况分，有畅销书、滞销书、常销书（也称长销书）。

（5）按销售方式分，有预约书、非预约书（预约也称预订。出版社出版多卷集，实行分卷零售，为了保证读者买齐整个多卷集，采取预约方式。读者在书出版前按规定付订金给出版社，出版社在出书后将书交送读者）。大部头书也可以实行预约零售，读者在书出版前将书款交送出版社，出版社在书出版后将书交送读者。实行这种办法，读者可以获得优惠折扣（一般为 7 折），出版社可借此筹集出版资金，跳过了批发商和零售商两个环节。

（6）按篇幅多寡分，有厚本书和薄本书，本子特厚的称大部头书，都无一定标准。大部头书一般在 2 000 页以上，薄本书一般在 100 页以下（背脊上印不下书名）。

---

**活动 1.3**

### 给图书分类

**活动目的：**正确对图书进行分类。

**活动步骤：**第一步，分小组到就近图书馆和书店寻找图书的分类方法；
第二步，小组成员结合图书分类法对比各种分类法的区别。

**活动建议：**分小组活动。

**思考与练习**

为了人们便于阅读，不同的场所图书的分类是不同的，比较各种分类法所使用的场合，它们之间有什么不同。

**课堂作业三**

1. 怎样在书店很快找到自己想要的书？

# 单元内容小结

1. 通过对图书各组成部分的介绍，认识图书的构成。
2. 通过对图书辅文的介绍，掌握图书辅文的正确位置和作用。
3. 通过对图书计量方法的介绍，学习如何对不同类型的图书进行计量。
4. 通过对图书分类方法的介绍，掌握不同的图书分类法。

# 知识测试题

## 一、单项选择题

1. 西汉末年刘向、刘歆奉命校书时创立的我国最早的书籍分类系统，将书籍分为（    ）。

　　A. 经、史、子、集四部

　　B. 六艺、诸子、诗赋、兵书、术数、方技六类

　　C. 经典、记传、子兵、文集、术技、佛法、仙道七录

　　D. 礼、乐、射、御、书、数六艺

2. "杀青"一词来源于制作竹简的一道工序，是指（    ）。

　　A. 将竹子截断

　　B. 将竹子加工成薄片

　　C. 将竹子烤干并削去竹青

　　D. 在竹片上刻出契口

3. 明清时期"私刻"的主要特点之一是（    ）。

　　A. 开始重视书商的作用　　　　B. 利用私人的藏书编印丛书

C. 以营利为目的        D. 多受官府指派

4. 关于凡例，下列表述中错误的是（    ）。

    A. 凡例又称"例言"

    B. 凡例应置于目录前，并可以不编入目录

    C. 凡例通常分条分款列出

    D. 凡例一般由图书的编辑或作者撰写

5. 附书名页应位于（    ）。

    A. 主书名页之后        B. 主书名页之前

    C. 主书名页的背面       D. 目录之后，正文之前

6. 精装样式分为（    ）。

    A. 纸面精装、软面精装和护封精装

    B. 圆脊精装、方脊精装和平脊精装

    C. 全纸面精装、纸面布脊精装和全面料精装

    D. 硬面精装、布面精装和绸面精装

7. 特殊印刷工艺一般不用于（    ）。

    A. 大型工具书         B. 珍藏本图书

    C. 纸面精装书         D. 教科书

8. 我国出版管理部门将出版物分为（    ）等类型。

    A. 报纸、图书、期刊、缩微出版物、电子出版物、互联网出版物

    B. 报纸、图书、期刊、电子出版物、互联网出版物、工艺美术制品

    C. 报纸、图书、期刊、影视片、音像制品、互联网出版物

    D. 报纸、图书、期刊、音像制品、电子出版物、互联网出版物

9. 在中国古代活字印刷技术当中，最先采用的是（    ）。

    A. 木活字印刷         B. 泥活字印刷

    C. 铜活字印刷         D. 铅活字印刷

10. 德国人约翰·谷登堡约在 1445 年发明铅活字印刷，比中国毕昇发明泥活字晚约（    ）年。

    A. 100             B   400

    C. 700             D. 1 000

11. 我国最早的"书肆"出现在（    ）。

    A. 战国时期          B. 秦代

    C. 西汉             D. 晋代

12. 1932 年，（　　）在上海创办了生活书店。
    A. 廖仲恺　　　　　　　　B. 邹韬奋
    C. 艾思奇　　　　　　　　D. 薛暮桥

13. 图书版本记录的"第 2 版第 3 次印刷　印数 8 001 ~ 15 000"表示（　　）。
    A. 第 2 版印了 7 000 册书
    B. 第 2 版第 3 次印了 15 000 册书
    C. 第 1 版、第 2 版共印了 15 000 册书
    D. 第 1 版印了 8 000 册

14. 高档艺术画册选用的装订样式是（　　）。
    A. 平装　　　　　　　　　B. 精装
    C. 龙鳞装　　　　　　　　D. 散页装

15. 版心是版面上容纳文字图表的部位，由文字、图表和（　　）等构成。
    A. 书眉　　　　　　　　　B. 页码
    C. 间空　　　　　　　　　D. 周空

16. 大约公元 4 世纪时，中国造纸术传入（　　）。
    A. 中亚与西亚　　　　　　B. 北非与欧洲
    C. 日本　　　　　　　　　D. 朝鲜半岛

17. 国子监刻书的兴盛时期是（　　）两代。
    A. 宋、元　　　　　　　　B. 宋、明
    C. 元、明　　　　　　　　D. 明、清

18. 下列古代刻本中，版本低劣的是（　　）。
    A. 宋代的监本　　　　　　B. 麻沙本
    C. 明代的藩刻本　　　　　D. 清代武英殿本

19. 清末民初，铅印本书刊的外部形式逐渐（　　）。
    A. 改线装为平装　　　　　B. 改包背装为平装
    C. 改蝴蝶装为线装　　　　D. 改卷轴装为线装

## 二、多项选择题

1. 下列图书术语，与简牍相关的有（　　）。
    A. 杀青　　　　　　　　　B. 版心
    C. 尺牍　　　　　　　　　D. 开本

E. 书札

2. 下列书籍中，属于官刻的有（　　）。

   A. 宋代的《儒学警悟》      B. 宋代的《大藏经》

   C. 宋代的《册府元龟》      D. 明代的《水浒之传评林》

   E. 清代的《古今图书集成》

3. 为当时及后世所称道的民国时期出版的书目性工具书有（　　）等。

   A.《二十四史传目引得》

   B.《民国以来出版新书总目提要》

   C.《四库全书总目提要》

   D.《官书局书目汇编》

   E.《〈生活〉全国总书目》

4. 平版印刷的特点有（　　）等。

   A. 只能使用平板纸

   B. 印版必须水平地装在印刷机上，不能卷曲

   C. 利用了油水相斥的原理

   D. 一次只能印刷一面

   E. 印版上的图文部分与空白部分几乎处于同一平面

5. 电子出版物的界面由（　　）等元素组成。

   A. 背景图像           B. 鼠标"手形"指针

   C. 文字               D. 伴音

   E. 图标

6. 将纸质图书转化为电子书时，文字文件的来源有（　　）等途径。

   A. 利用该图书的印版复制

   B. 利用该图书的计算机排版电子文档

   C. 将该图书内容重新输入计算机

   D. 将全书各面作为图片进行扫描

   E. 用计算机光电扫描自动识别技术逐面扫描后转换

7. 据考古发现，我国在纸张发明以前用以承载文字信息的主要载体有（　　）等。

   A. 甲骨           B. 羊皮

   C. 青铜器         D. 缣帛

   E. 纸草

8. 下列各组出版行业用语中，源自竹简木牍的有（　　）。

A. 勒口、索线、出血　　　　　B. 天头、地脚、卷册

C. 版图、素书、图谱　　　　　D. 反书、阳文、拓本

E. 尺牍、书札、篇籍

9. 在我国古代刻书业中，私刻多是（　　）所为。

A. 官员个人　　　　　　　　　B. 士人

C. 书商　　　　　　　　　　　D. 藩王府

E. 家族祠堂

10. 商务印书馆创办初期的主要业务是出版（　　）等。

A. 商务用书　　　　　　　　　B. 新式工具书

C. 教科书　　　　　　　　　　D. 期刊

E. 西方文化名著

# 单元技能测试记录表

| 鉴定内容 | 认识图书 | 鉴定方法 | 实 作 | 鉴定人签字 | |
|---|---|---|---|---|---|
| 关键技能 | | 操作程序 | | 鉴定结果 | |
| | | | | 通 过 | 未通过 |
| 1. 认识图书各部分的组成 | | 结合实体图书确认每部分构成的名称和作用 | | | |
| 2. 对图书进行计量 | | 根据图书的特点运用正确的方法对图书进行计量 | | | |

鉴定者评语：

| 鉴定成绩 | | 鉴定时间 | | 被鉴定人签字 | |
|---|---|---|---|---|---|

# 单元课程评价表

姓名：_____          日期：

当你完成了本单元的学习，我们希望你能对下面的项目提出你的建议。

| 请在相应的栏目内打钩 | 非常同意 | 同意 | 没有意见 | 不同意 | 非常不同意 |
|---|---|---|---|---|---|
| 1. 这一单元使我对图书的各部分构成有了很好的认识 | | | | | |
| 2. 这一单元帮我了解了各种图书计量的方法 | | | | | |
| 3. 我学习这单元后对图书的分类有了基本认识 | | | | | |
| 4. 我现在对尝试学习下一单元更有自信了 | | | | | |
| 5. 我掌握了本单元要求的基本技能 | | | | | |
| 6. 该单元的内容和活动对我很有帮助 | | | | | |
| 7. 教师待人友善、愿意帮忙 | | | | | |
| 8. 该单元的教学让我做好了参加鉴定的准备 | | | | | |
| 9. 该单元的教学方法对我学习起到了帮助作用 | | | | | |
| 10 该单元提供的信息量正好 | | | | | |
| 11. 评估与鉴定公平、适当 | | | | | |

你对将来改善本单元的教学有什么建议？

_____

_____

# 能力单元二

# 图书的选题策划

## 单元概述

### 一、单元能力标准

| 能力要素 | 实作标准 | 知识要求 |
|---|---|---|
| 1. 认识选题<br>2. 正确进行图书选题策划<br>3. 选择合适的稿酬计算方法 | 1. 分清选题的类别<br>2. 掌握选题策划的程序<br>3. 寻找合适的作者<br>4. 选择合适的稿酬计算方法 | 1. 选题的概念<br>2. 选题的类型<br>3. 选题的原则和要素<br>4. 选题的注意事项 |

### 二、单元学习目标

学习者能够独立完成一项选题策划任务，并能运用所学知识寻找合适的作者和计算稿酬。

### 三、单元内容描述

认识什么是图书的选题策划；分清选题的类别；掌握图书选题策划的程序和应注意的事项。

### 四、学习本单元的先决条件

学习者具备一定的听、说、读、写能力；具有一定的判断思维能力，并

善于思考，能按照教师制定的活动程序完成"任务"。

## 五、单元学习资源

| 学习参考资料 |
| --- |
| 《图书、期刊、音像制品、电子出版物重大选题备案办法》<br>《新闻出版总署印发关于规范图书出版单位辞书出版业务范围的若干规定的通知》 |

## 六、单元学习方法建议

可采用小组讨论法进行教学，也可以采用任务导向式的方法进行学习，尽可能多地带领学生分析案例，课堂上教师讲授的时间原则上控制在教学时间的 1/2 以内，充分利用学生之间的互相学习和任务完成达到机能学习的目标。每一个单元结束后，必须安排鉴定与测试，同时用统一的问卷收集反馈信息，分析教学情况并做出及时的调整。

## 任务一 认识选题

### 走进课堂

《哈利·波特》(Harry Potter)，是英国女作家 J·K·罗琳的系列魔幻文学作品，本系列共有 7 本，描写的是主人公哈利·波特在霍格沃茨魔法学校 7 年的学习生活冒险故事。被翻译成 62 种语言，总销量为 3 亿本，仅次于《圣经》及《毛主席语录》。美国华纳兄弟电影公司已经把这 7 部作品拍摄成电影。哈利·波特系列电影是全球史上最卖座的系列电影。

### 思考与提示

1.《哈利·波特》为什么会成为畅销书？
2. 图书畅销需要怎样的选题策划？

## 一、选题策划的概念

关于选题是什么的误区：

- 选题是一种创意，一个点子。
- 也有人认为，选题，是一种判断，一种决策，是一种可行的设计方案。
- 还有人认为选题是"一本或一套书的主题思想、主要内容和书名的总体设计"。

上述几个观点说到了选题策划的某个方面，但都不完整。不错，选题常常开始于某个创意，但这个创意还需市场论证与多角度思考，形成一套方案与设计蓝图。

选题有两种含义：一指出版社关于出书的题目和构想；二指设计选题、制订选题计划的工作，也叫选题工作。本章所说的选题，既指选题工作，也指出书的题目和构想。一般是一本书一个选题，有时是一套书一个总的选题，下面再分列具体的题目。按照一定的编辑构思把各种选题有序地汇集起来，便成为选题计划。出版社根据选题计划开展组稿、发稿和出书等业务活动。

一个确定的选题是由许多要素构成的，比如，选题的名称（单本书指书名，套书要包括整套书的书名和其中每本书的名称，期刊则要确定篇名）、选题缘起（也就是提出这个选题的理由，包括本选题的价值、特点等）、选题类别、读者对象、作者、写作要求（写作要求既包括对内容方面的要求，如思想性、艺术性等，也包括形式方面的要求，如体例、结构、叙述风格等。另外，该书的字数、篇幅大小、装帧设计、完稿日期等也要考虑。）等。


## 二、选题类型

（1）按照内容属性来分，可分为文学类、经济类、教育类、少儿类、生活类、励志类等。这个分类很普遍，如郭敬明《梦里花落知多少》属于文学类，《货币战争》是经济类，《好妈妈胜过好老师》则是教育类。

（2）从市场销售特点切入，将选题分为长销与畅销两种。长销书就是长时间符合人们的审美心理，引发思想共鸣以及实用需求的书，如四大名著《红楼梦》《水浒传》《三国演义》《西游记》。畅销书强调的是"畅"字，即在一个时期内，在同类书中的销售量居于领先地位，表明了公众的阅读趣味和审美评价，如《哈利·波特》《明朝那些事儿》等。

（3）从图书的容量角度切入，可将选题分为单本、套书、丛书三种。不过，从市场规模与营销策略上来说，丛书、套书占据极大的市场份额，具有持久的影响力和生命力。

# 三、成功选题的三要素

## 1. 要有一定的创意

所谓创意，就是独特性，就是新意。低层次重复出版不仅不能带来良好的效益，反而造成了物质资源、人力和财力的极大浪费。要避免低层次重复出版，从出版源头来看，选题策划必须创新。20 世纪 80 年代前期，美国出版了很多离婚方面的书，由于内容老套，不能引起读者的兴趣。可是，有一本《儿童谈离婚》的书，读者争相购阅。主要是由于本书采用了他人没有想到的一个新角度：让离婚的直接受害者——儿童谈父母离婚给他们造成的种种痛苦，选题角度很有创意。

## 2. 要有一定的价值

要有一定的价值，也就是说要有卖点。研究一下近几年的畅销书，可以说各有卖点。例如，《蜗居》的书和电视剧为什么都火得一塌糊涂？表面上看，是"爱情婚姻"这样一个永恒的热点话题，但如果跟风推出一堆反映都市爱情婚恋，甚至贪官腐化的小说，估计很难卖得动。《蜗居》畅销的深层原因其实不关爱情婚姻的事，而是居高不下，动辄数十万、上百万的房价这座新住房"大山"。如果有人看到这个形势，推出一些诸如《高房价时代的活法》《没钱也能住大房》《只买对的，不买贵的》之类的书，应该也能卖得不错。

## 3. 具有可行性、可操作性

策划选题时，必须考虑选题能否付诸实施，是否具备完成该选题所需的各种主观条件与客观条件。

例如，有人策划了一本名叫《国画解国学》的书，内容精选了国画、古诗，还写了国画的评析，但策划者为了迎合现在读者的口味，最初拟定的题目竟然是"细节决定成败""你硬困难就软"之类的，这样一来，题目跟内容可谓风马牛不相及。更可怕的是，策划者对本书的读者定位竟然是"国画爱好者、国学爱好者、都市白领"，他想讨好所有的读者，结果可能会失去所有的读者。如果是国画爱好者、国学爱好者，稍有基础的人一看"细节决定成败"之类的书名就不买了，而如果是白领之类的读者，看了这么"古"的设计也不会买。

---

**活动 2.1**

**活动目的**：能为策划一个好的书名提出自己的建议。

**活动内容**：1. 分析并讨论近期图书市场上的畅销书的书名，有什么特点和不足（最少 10 本）。

2. 任选一本图书，请为这本图书重新策划一个书名，并说出你的理由。

**活动建议**：可以采用小组讨论的方式。

---

思考与练习

## 孩子眼中的图书选题策划

一次，一位当编辑的母亲问她的小孩："哪些少儿读物比较受你们欢迎？"他说："一要有神秘感，二要有恐惧性、刺激性、探索性，三要有连续性。"正在母亲惊奇之时，他说："所谓的连续性，是指做一套丛书，就像制作电视剧似的，到最精彩的地方一集结束；书也应该到最精彩、最吸引人的地方就结束。"如果读者想继续看，那就必须得买一本，这样您的书大家就会成套买。还有，封面设计一定要新颖，引人入胜，有些游戏可以插入到书中，图一定要多，画得要逼真。"你给我买的拼装玩具，像'高达沙洛克''重炮手高达''钢铁神兵'等等，它们到目前为止，只有玩具、动画片、服装，市场上还没有书，如果有出版社出一套书，会有许多小朋友买。比如说我吧，就可能去买，因为我喜欢那里的人物，我喜欢画他们。出书跟赛跑一样，你想到了，别人也会想到，所以动作一定要快，学会先迈一步。""你们班同学都看些什么书？"母亲接下去问。"卡通书多一些。出书要抓住小孩子的天性，书名要引人注目，让孩子感兴趣，比如《会说话的钟》《森林里的歌声》。还有，内容要新鲜，把学生在生活中发生的一些事情或故事编进去，与学生本身关系密切。"

## 【问题】

1. 孩子眼中的图书有什么特点？
2. 图书选题时要注意些什么？

### 课堂作业一

1. 什么是图书的选题策划？
2. 选题策划中的书名策划有什么重要性？

## 任务二　了解出版社的选题策划的程序

### 走进课堂

随着全国高校的扩招，中国大学已经从精英教育转为大众教育。随之而来的问题就是大学生毕业人数的逐年攀升，大学生求职已经不像以前那么容易和轻松了，更多是激烈的竞争和大学生待业问题，所以大学生求职问题已然成为一个社会问题。在确定大学生求职问题为选题后，我们调查了相关的市场信息以确定此类书是否有市场空间。根据教育部统计，2001 年全国普通高校毕业生人数为 115 万，待业人数约为 34 万，占总人数的 30%。到 2005 年，待业人数增加到 93 万，比 2001 年增加了近两倍。而 2007 年中国普通高校毕业生将达到 495 万，比 2006 年的 413 万增加了 82 万，就业形势越来越严峻。有媒体调查报道称，2007 年可能有六成大学毕业生面临失业，2008 年有 550 万（预计 2009 年将与 2008 年基本持平）。据抽样调查结果，2006 年已签约和已有意向签约的大学生占 60%，不想马上就业的占 15%，还没找到工作的占 25%。也就是还有 40%（约 165 万）人待业，这批人加上 2007 年的 495 万应届生，2007 年就将有 660 万大学生需要找工作，创下历史新高。而据 2006 年的数据显示，市场提供的职位中，有意要招应届大学毕业生的企事业单位，总共也就只能给大学生提供不到三百万的职位，约为该年毕业生的五成。由于大学毕业生的就业形势越来越不容乐观，这样的社会状况正好给了图书出版一个很大的市场空间，使得就业类图书的市场潜力是很大的。但是根据调查结果显示，就业类图书的销售情况不容乐观，具体原因是就业类图书普遍信息陈旧，很难跟上政策的变化，而且也没有找到和大学生一个很好的结合点。所以根据这些情况，《漫谈大学生求职经历》这本书总体将区别于其他传统的就业类指导图书，它将更注重于实际经验和案例的介绍，以及一些大公司工作人员的求职经历和主要面试官的面试经验介绍。

**思考与提示**

1. 选题前需要做哪些准备工作？
2. 怎样的选题是好选题？

# 一、选题的原则

## 1. 必须符合党和国家的出版方针

《中共中央、国务院关于加强出版工作的决定》明确指出："我国的出版事业，与资本主义国家的出版事业根本不同，是党领导的社会主义事业的一个组成部分，必须坚持为人民服务、为社会主义服务的根本方针，宣传马克思列宁主义、毛泽东思想，传播一切有益于经济和社会主义发展的科学技术和文化知识，丰富人民的精神文化生活。"这是出版工作的指导思想，也是选题工作的根本原则。

## 2. 坚持出版社的专业分工，构成合理的出书结构

按专业分工出书是中国社会主义出版事业的重要特色之一。没有专业分工，社与社之间就容易"撞车"，造成重复出版，或者形成某些出版领域的空白，使科学、文化的重大成就无法在出版物中反映出来。另外，专业出版社在选题计划中还要有合理的出书结构。譬如教育出版社制订选题计划，既要有教育理论方面的选题，又要有教学实践方面的选题；既要有大学生读物选题，又要有中、小学生读物选题；既要有智育方面的选题，也要有德育、美育、体育方面的选题；既要有文字出版物，也要有音像出版物。如此等等，都必须有适当的比例，才能够适应科学、文化的发展，满足不同读者的不同需要。

### 3. 坚持把社会效益放在首位，实现社会效益和经济效益相结合

图书的社会效益是指图书的思想性、理论性、学术性，是图书出版业长远的、隐性的利益。图书的经济是指生产经营图书这一商品所取得的经济收益，是眼前的、显性的利益。就图书的总体而言，其社会效益和经济效益是统一的。图书既要讲求社会效益也要讲求经济效益，图书没有社会效益便失去了其作为精神文化载体存在的意义，而如果图书没有经济效益也就失去了实现社会效益的物质基础。

### 4. 要有预见和创新

要求在考虑选题的时候，既要看到近期的需要，又要想到长期的需要；既要看到今天建设的要求，又要充分预见到现代科学技术发展趋势对出版工作提出的要求。出版者制订选题必须在观念上有预见性，认真研究一段时期之后的知识需求、信息更新程度，以及有可能发展为现实需求的各种潜在需求，掌握出版的主动权，避免滞后出版，做到出版适时和适当超前。创新就是要出新，有新意。创新是选题最可贵的思路。每一种出版物都应有独创性、新颖性，重复雷同、千篇一律的出版物必然会因缺乏特色而最终失去生命活力。创新的表现形式是全方位多样化的，新构思、新题材、新表达方式等都是创新。但是标新立异不等于个人主观主义的异端邪说，也不等于哗众取宠、猎奇志怪。

### 5. 可行性

可行性指选题要有能够实现的比较可靠的基础。编辑出版是一个复杂的系统工程，制订选题只是其中的一个环节，所订选题能否如期实现，需要具备各种条件，受到多方面的制约。在制订选题时必须充分考虑实现选题所具备的条件，包括制订选题时的思想、政治、文化背景，承担选题的著译者力量、编辑力量、印制力量，财力、销售状况等。离开对这些客观制约因素的考虑而确定的选题，不可能达到预期的目的。

## 二、选题的要求

### 1. 抓好"标志"选题

标志选题系指能代表本社、本编辑部特点的具有标志性的选题，也即

重头书、"拳头产品"。抓好这一类选题的策划，对于树立出版社在社会上、在广大读者中的形象尤为重要。因此一定要抓好这类选题重点规划，策划出一批能反映自身价值和优势的标志性选题，特别是能产生名牌效应的系列书、丛书和工具书，比如，国家"十一五""十二五"出版规划的重点书、能填补学科领域空白的、能冲刺国家图书奖的书等。因为这些重头产品，不仅有着很大的政治意义，而且有着很高的学术价值，能在社会各界引起很大反响。这些书成为出版社具有标志性的图书，这对实现长远战略目标，提高本社的学术地位和竞争能力，都是极为有利的。

## 2. 抓好"特色"选题

特色选题系指能代表本社、本编辑部的与众不同之处的选题。这就要从编辑部及编辑个人的专业分工所长和实际情况出发，寻找突破口，精心选择出书重点，安排不同的出书层次，紧紧依靠自己的作者群，不断开发新选题，逐步形成自己独特的高品位、多层次、优质高效的出书格局。也就是说，要在自己的地里种庄稼，去开拓，去奋进，去收获，不要总盘算怎样超范围、争地盘，否则到头来，不仅新开的田没种好，原有的地方也会荒芜。

## 3. 抓好"系统"选题

系统选题系指有规模、成系列的选题。市场经济是规模经济，形成规模效应，出书才有气派，也才能获取好的效益。当前的图书市场，系统性、规模性、系列性的丛书、套书很有优势，它们可以使人们从横向的、纵向的以及多维的、立体的角度，全方位地更透彻、更深入、更全面地了解和认识世界，这些都是单本书、薄本书、小本书所难以做到的。在一些大规模的书市中，那些大型丛书、套书容易成为热点书，成为出版社的品牌书和看家书。

# 三、选题要素

选题是出版社选定的出版项目，也是编辑人员关于出书的设计蓝图。选题的构成要素，通常包括以下几个方面。

## 1. 书稿名称

书稿名称也即书稿题目，表示图书的主题、类型和特点等。

## 2. 作　者

选题和作者不能分开。酝酿比较成熟的选题一般已选定作者。有的选题还没选定作者，也应该有准备约稿的作者或者作者人选的具体要求。

## 3. 编辑意图

编辑意图即编辑部提出的出书的目的和宗旨。它是选择自投稿、推荐稿的重要依据。

## 4. 选题理由

选题理由即策划人对选题社会效益和经济效益的估计，对同类书内容特色的比较，国内外学者对此类选题的研究与评价情况等。

## 5. 基本内容

基本内容即图书中准备传播的知识的门类、范围、层次和写作角度等。如果是文学作品的选题，则要说明作品的题材、主题、主要人物、基本情节等内容。

## 6. 读者对象

明确图书是给哪一类读者看的，以便根据具体的读者对象的阅读需要和接受能力，研究图书的内容、篇幅、表现形式、发行范围和发行方式等问题。

## 7. 写作要求

写作要求既包括对图书内容方面的要求，如思想性、科学性、艺术性、实用性、通俗性、可读性等；也包括图书表现形式方面的要求，如体裁、体例、结构、叙述风格等。此外，图书的篇幅字数、装帧方式、装帧档次、完稿时间等问题，也要在设计选题时一并考虑。

# 四、选题程序

选题事关重大，必须精心设计，反复论证，科学决策。具体来说，应该经过以下几个步骤。

## 1. 选题设计

首先由总编（或社长）会同总编室提出选题的总体框架，包括指导思想、基本原则、整体目标、规模品类等。然后各编辑室根据选题大纲提出选题建议。编辑在调查研究以后，必须从文化价值和经济效益两个方面通盘考虑，对收集到的社会文化信息进行分析、筛选、优化和综合，并转换成具体的选题建议。选题建议拟就后，还要逐个进行经济预测，并将经济预测的结果写进选题建议，作为决策的依据之一。

## 2. 选题论证

选题和选题计划必须经过论证，这是因为论证是保证选题质量的决定性环节。选题和选题计划是一种重大的出版经营决策，选题产生以后还要经过反复论证，才能列入正式的选题计划。选题论证要对选题进行以下几方面的评估：一是选题的价值，选题是否具有一定的思想价值、学术价值、艺术价值、资料价值等；二是选题的可行性，考虑编辑力量、作者水平、印制条件、发行力量和资金是否足以实现选题，以及在实施过程中可能遇到的风险；三是经济效益，根据投入和产出情况推算出版后的盈亏。一般来说，选题从建议到确立，首先应该经过编辑部门的选题论证会讨论通过。

## 3. 选题决策与报批

根据我国现有规定，选题必须经过审批。选题经过论证后要由社长或总编辑主持召开第二次论证会，编辑部门负责人、销售部门负责人、宣传部门负责人共同参加，必要时还应吸收生产、财务部门的负责人或代表参加。论证会就选题计划开列的选题结构及品种数量是否合理，各个选题的读者对象是否准确，编辑关于出版物的制作建议是否合适，营销计划是否可行，经济预测的可靠性如何做出全面评估。然后在此基础之上，由编辑出版部门的决策者或决策集体做出决断，形成整个出版社的选题计划。出版社的年度选题计划应报送主管部门审批；涉及政治、军事、外交、统战、宗教、民族等敏感问题和其他需宏观调控的选题，按照规定还要专项报请有关领导部门批准。审批通过以后，出版单位的正式选题计划才算正式确定下来。

### 4. 选题计划的调整与修订

对于图书编辑工作来说，选题计划起着体现出版方针、指导出版方向的重要作用。但是，选题计划毕竟带有预测性质，随着时间的推移，当时影响选题计划制订的因素和条件也会发生变化。在选题计划的执行过程中，根据主客观情况的变化，及时对选题计划尤其是对中长期选题计划进行适当的修订，是完全必要的。

---

**活动 2.2**

**活动目的：** 帮助学习者获得策划图书选题的能力。

**活动内容：** 若你是一位图书策划人，针对 7～9 月份的一些特点，你会策划一些什么样的书？（一本或一个系列）请说出大致构思以及操作步骤。

**活动建议：** 可以采用小组讨论的方式。

---

**思考与练习**

## 世界上第一部全彩印丝绸中文版《孙子兵法》诞生在杭州出版社

1997 年，杭州出版社策划制作丝绸书《孙子兵法》，特意找到中国孙子兵法研究会共同谋划，并联合了杭州凯地丝绸股份公司、杭州凯地企业文化公司等制作单位。对第一部丝绸书来讲，关键需要克服的是制作上的一些技术专业问题，例如坚挺、光边、试水、防光、防腐等。经历了上百次的试验和失败，前后历时一年多，终于在 1998 年 2 月试印成功，实现了出版印刷业零的突破。由于用名贵的丝绸印制，书的质量无与伦比。细腻柔滑的质感，清晰亮丽的色彩，丝绸版的《孙子兵法》可以保存 1 000 年。而且，此书采用宋版曹操等十一家注为底本，繁体汉字竖排，由一流的兵法，一流的载体，一流的装帧设计构成，可谓珠联璧合。为了体现丝绸版《孙子兵法》的艺术品位和收藏价值，该书限印 3 000 套，逐套编号，印完后销毁。鉴于该书的版本意义，上海大世界基尼斯总部已颁发证书，确认其为中国也是世界第一部全彩色真丝绸图书。

## 【问题】

1. 什么是图书的附加值？
2. 怎样才能提高图书的附加值？

### 课堂作业

1. 选题前需要做好哪些准备工作？
2. 怎么进行选题策划？

# 任务三　图书选题策划的注意事项

### 走进课堂

## 畅销书选题的一个着力点——名人

1990年的美国文学类排行榜没有新面孔，上榜的15本书的作者，个个声名远播，名牌商品的成功模式，一成不变地套用在书籍的世界上。连非文学类排行榜也是名牌趋向，几乎全是名人的天下，比如里根总统等的书籍。无独有偶，在我国名人著作也是畅销排行榜的常见书，如：王蒙夫人著的《我的先生王蒙》由长江文艺出版社2004年3月出版，施史心、葛佳著的《都赶上了》由华艺出版社2004年1月出版，冯远征、梁妮著的《想和陌生人说话——十年，我们的故事》由中国广播电视出版社2004年1月出版，卢璐著的《嫁给刘欢》由作家出版社2003年9月出版，还有洪晃的《我的非正常生活》、杨绛的《我们仨》等。

### 思考与提示

1. 名人出书在图书策划中的作用是什么？
2. 怎样寻找合适的作者？

策划选题要统筹考虑书名、作者、编辑意图、选题理由、基本内容、读者对象、写作要求等要素。本任务着重介绍选题策划中对作者及稿酬的相关知识。

# 一、寻找作者的途径

## 1. 熟人介绍

通过熟人介绍寻找发掘作者资源、寻找作者。具体的操作方式是向同行业的人打听作者资源或者让同行业的人直接给我们介绍优秀的作者。通过熟人介绍的方式寻找作者资源是最好的开拓作者资源的方式，在业内也被很多人使用。

## 2. 行业内的 QQ 群

很多自由撰稿人为了沟通交流，为了资源共享，创建了很多 QQ 群。其中的群成员都是图书行业内的从业人员。通过这样的行业内的 QQ 群寻找作者资源也是非常不错的方式。这就需要我们在平时多加一些行业 QQ 群。

## 3. 招聘网站

通过招聘网站招聘兼职撰稿人是最常用的也是最有效开拓作者资源的方式。但是值得注意的是，在发布的招聘信息上一定要把要求说清楚，以免浪费时间，影响工作效率。常见的招聘网站有：www.51job.com（前程无忧招聘网）；www.chinahr.com（中华英才网）；www.zhaopin.com（智联招聘网）；www.baicai.com（百才招聘网）；www.ganji.com（赶集网）；等等。

## 4. 行业网

出版圈内有很多行业网，有很多图书圈内的人经常上这些网站去查询信息，其中包括自由撰稿人信息。所以到这些行业网站的论坛或者交流平台上发布招聘图书撰稿人的招聘信息，也是不错的开发作者资源的方式。常见的行业网站有：www.bookb2b.com（图书交易网）；www.ShuQuan.com（书圈网）；www.bkpcn.com（中国图书出版网）；www.cppinfo.com（中国新闻出版信息网）；等等。

## 5. 自由撰稿人联盟

社会上有很多由自由撰稿人自发地组织和成立的一些自由撰稿人联盟。图书出版单位或者工作室可以通过这样的联盟去开拓作者资源。具体的操作方式是首先要联系到这些联盟的联系人，然后想办法加入这些联盟，之后经常参加联盟内部组织的活动，尽量和其他成员搞好关系，保持长期联系，这样在需要作者的时候就能在第一时间找到合适的作者。

## 6. 在门户网站发布招聘信息

现在，网络技术已经非常普及，制作门户网页或者门户网站的成本非常小。对于已经有门户网站的出版单位或者工作室来讲，可以在自己的门户网站上开辟一个招聘页面，常年发布招聘兼职撰稿作者的招聘信息，以储存作者资源；对于还没有门户网站的出版单位或者工作室来讲，可以找网页制作公司或者个人制作一个，成本非常低廉。

## 7. 直接找相关图书的作者

在开拓作者资源的过程中，我们还可以直接联系市场上已经有的相关图书的作者，尤其是那些市场上正在热销的图书的作者。

## 8. 到高校校园信息栏发布招聘广告

随着高等教育的普及，大学生已经成为当今中国社会最为庞大的群体之一。对于出版单位或者图书工作室来讲，如果能利用好在校大学生这一潜在的作者资源，也将为自己的工作带来不少的便利。开发在校大学生这一潜在的作者资源的途径也有很多种，到高校校内网的论坛发布招聘信息就是不错的方式。此外，到高校校园的信息栏里面张贴招聘广告也是非常有效的方式。

## 9. 找专家学者

对于有些难度较高，但是同时又没有必要做成原创的稿子来讲，可以找一些专家学者来编撰。这样的专家学者可以在学校里找，也可以到相关的工作单位去找。例如，如果是找医学类图书的撰稿作者就可以到权威医院或者到相关的专业院校寻找作者；如果是找科技类图书的撰稿作者就可以到相关的科研单位或者专业院校寻找作者；如果是找历史类图书的撰稿作者就可以到相关院校的历史专业寻找作者等。

## 10. 博 客

通过网络博客也可以开拓作者资源。如今，互联网已经走进了普通老百姓的生活。很多人都有写博客的习惯。这其中就包括一些文化修养很高、很有思想并且文笔很不错的人。另外，他们每天或者每周都有一定的时间来写博客，也说明他们的业余时间还是很充裕的。所以，这些人是很好的潜在的作者资源，只要我们能够好好开发，我们会发现很多惊喜。很多策划编辑已经在这方面有了成功的案例，值得我们借鉴。具体的操作方式是在网络博客上给博主留言，联系博主。常见的公众接受程度较高的博客有：新浪博客、网易博客、天涯博客等。

## 11. 论 坛

现如今，网络文化已经非常发达。在网络文化里，论坛文化发展得尤其繁荣。在各种各样的论坛里（例如各种门户网站的论坛、几大著名的热点论坛、高校校内网的论坛等），只要我们多留个心眼，就能发现很多非常具有写手潜质甚至是创作潜质的写手或者作者。很多眼光非常独到的图书策划人员甚至从论坛上发现了很多策划思路，例如《31岁小美女的养颜经》《明朝那些事儿》等。所以我们也可以通过网络论坛开拓作者资源。具体的方式就是在网络论坛里留言，联系那些我们非常看好的发帖者。目前比较著名的论坛主要有：www.tianya.cn（天涯论坛）；bbs.hongxiu.com（红袖添香）；www.rongshuxia.com（榕树下网站）；bbs.jjwxc.net（晋江文学论坛）；www.pgywxw.com.cn/bbs（蒲公英文学论坛）；www.fjsnow.com/bbs（飘雪文学论坛）和www.xici.net（西祠胡同社区）等。

## 12. 杂志报纸相关文章作者

平时，我们在阅读杂志或者报刊的时候，可能会在无意中发现很多不错的文章，那么这些文章的作者就可能成为我们潜在的作者资源。一旦我们需要的作者与我们在报刊上发现的文章风格或者内容非常贴近的话，我们就可以适当地开发一下这些作者资源。具体的操作方式是可以打电话到杂志社或者报社打听该作者的联系方式。

## 二、理想作者的条件

### 1. 良好的文化修养

良好的文化修养是一个优秀的撰稿人必须具备的一项基本素质。这是编撰出高质量稿子的必要条件，只有这样，才能在书稿的编撰过程中避免很多错误，尤其是硬伤，也才能保证在出书以后省去许多不必要的纠纷。所以我们在选择作者的时候，首先要考察的就是作者的综合文化修养。

### 2. 良好的品德修养

一个人的品德修养不好，什么事情都做不成，撰稿人也是如此。如果一个撰稿人没有良好的品德修养，那么他就缺乏一定的责任心，就很容易在创作稿子的过程中投机取巧，在稿子出现问题以后推卸责任，这很不利于工作的继续开展。所以考察一个作者是否优秀，也必须考察他的个人品德修养。

### 3. 优秀的语言组织能力

优秀的语言组织能力。优秀的语言组织能力是一个优秀的撰稿人必须具备的工作技能。对一般大众读物来讲，不一定要写得神采飞扬，辞藻华丽，但是也必须做到有条有理、层次分明，语言的组织上要有一定的逻辑性。这就需要撰稿人必须具备优秀的语言组织能力。是否具备优秀的语言组织能力是考察一个撰稿人是否优秀的一项标准。

### 4. 一定的创作经验

不管做什么工作，经验都是非常重要的，撰稿工作也是如此。事实证明，撰稿经验越丰富，撰稿人在撰稿过程中就更容易在短时间内领会选题策划书的精髓，从而少走很多弯路，同时也能避免很多低级错误。所以一个理想的撰稿人员应该有一定的撰稿或者创作图书的经验。

### 5. 充足的创作时间

一个合适的作者必须有充足的创作时间，才能保证按时交稿，也才能保证稿件的质量。所以我们在寻找作者的时候，除了要考察以上几条最基本的因素，还必须弄清楚作者是否有充分的创作时间。

## 三、稿酬的计算

稿酬是作品发表后交付给作者的稿费，它是出版机构发表作品后给付作者的报酬。我国目前实行的稿酬制度主要有基本稿酬加印数稿酬制度、版税制和一次性付酬制度。

### 1. 基本稿酬加印数稿酬

所谓的基本稿酬加印数稿酬制，是以基本稿酬为主，印数稿酬为辅。其基本原则是以质论价，按质付酬，同时兼顾印数。基本稿酬的确定，又以作品的"质量的高低，著译的难易"为依据。

基本稿酬是以每千字为单位选定一个标准乘以整部作品的千字数。作品重印时，只付印数稿酬，不再付基本稿酬。这种方式体现作品的经济价值的主要依据是作品字数的量。作品字数的计算按以下方法进行。

（1）支付基本稿酬以千字为单位，不足千字部分按千字计算。

（2）支付报酬的字数按实有正文计算，即以排印的版面每行字数乘以全部实有的行数计算。末尾排不足一行或占行题目的，按一行计算。

（3）诗词每 10 行作一千字计算。每一作品不足 10 行的按 10 行计算。

（4）辞书类作品按双栏排版的版面折合的字数计算。

（5）非汉字作品，一般情况按相同版面相同字号汉字数付酬标准的80%计酬。

（6）报刊刊载作品，不足五百字的按千字作半计算；超过五百字不足千字的按千字计算。

基本稿酬的支付标准为：

（1）原创作品：每千字 30 ~ 100 元。

（2）演绎作品：① 改编：每千字 10 ~ 50 元；② 汇编：每千字 3 ~ 10元；③ 翻译：每千字 20 ~ 80 元。

### 2. 版 税

版税是一种稿酬付酬方式，即图书定价乘以发行销售数再乘以版税率。

原创作品的版税率一般为 3% ~ 10%；演绎作品为 1% ~ 7%。出版者出版演绎作品，除合同另有约定或原作品已进入公有领域之外，出版者还应取得原作品著作权人的授权，并按原创作品版税标准向原作品的著作权人支付报酬。

### 3. 一次性付酬

一次性付酬指出版者按作品的质量、篇幅、经济价值等情况计算出报酬，并一次向作者付清。报刊刊载作品只适用一次性付酬方式。

---

活动 2.3

**活动目的：**掌握正确的计算稿酬的方法。

**活动步骤：**第一步，分清稿酬的类别。

第二步，运用正确的公式计算稿酬。

**活动建议：**可以采用小组讨论的方式。

---

### 思考与练习

日本出版人井狩春男认为成为畅销书的基本条件是：一是书愈轻愈薄愈好。二是贴近人心就能成为畅销书。三是亲近永远是畅销书的条件。四是书名有巧思才能成为畅销书。五是作者是名人容易成为畅销书。但"话说回来，即使过去名气再大，现在却人气下坠，他的书还是无法畅销，这件事必须谨记在心"。六是信息量大。七是定价便宜。八是装帧方面，畅销书的颜色就是红白或相近颜色的组合。

### 【问题】

1. 成为畅销书的因素有哪些？

### 课堂作业

1. 怎样判断稿件质量？
2. 稿酬计算要注意哪些事项？

# 单元内容小结

1. 通过对图书选题策划概念的介绍，认识图书选题策划的重要性及意义。
2. 通过对图书选题策划程序的介绍，掌握如何进行图书策划设计。
3. 通过对如何寻找合适作者的介绍，学习如何提高选题策划的质量。
4. 通过对图书稿酬及版税的介绍，掌握图书稿酬和版税的计算方法。

# 知 识 测 试 题

1. 成功选题的 3 要素是什么？

_____

2. 列举出 5 种寻找选题的方法.

_____

3. 如何判断稿件的质量？

_____

4. 列举选择作者的途径。

_____

5. 判断正误并说明理由。
（1）版税是另一种付酬方式，即图书定价乘以发行销售数再乘以版税率。

_____

（2）报刊刊载作品，不足五百字的按千字作半计算；超过五百字不足千字的按千字计算。

_____

（3）良好的文化修养不一定是一个优秀的撰稿人必须具备的素质。

_____

（4）一部书稿，我们至少要通读两三次。

_____

（5）选题可以是一个创意。

_____

（6）成功选题必须具有可行性和可操作性。

_____

# 单元技能测试记录表

| 鉴定内容 | 图书的选题策划 | 鉴定方法 | 实 作 | 鉴定人签字 | |
|---|---|---|---|---|---|
| 关键技能 | | 操作程序 | | 鉴定结果 | |
| | | | | 通过 | 未通过 |
| 1. 设计一本畅销书选题 | | 在掌握选题策划的基本程序上，学习策划畅销书的注意事项 | | | |
| 2. 对新书给作者计算稿酬 | | 分析稿酬计算的类别和方法，学会使用正确的方法计算稿酬 | | | |
| 鉴定者评语： | | | | | |
| | | | | | |
| 鉴定成绩 | | 鉴定时间 | | 被鉴定人签字 | |

# 单元课程评价表

姓名：＿＿＿＿＿＿＿＿＿＿＿＿＿＿　　　　　　　　日期：

当你完成了本单元的学习，我们希望你能对下面的项目提出你的建议。

| 请在相应的栏目内打钩 | 非常同意 | 同意 | 没有意见 | 不同意 | 非常不同意 |
|---|---|---|---|---|---|
| 1. 这一单元使我对什么是选题策划有了很好的认识 | | | | | |
| 2. 这一单元帮我了解了成功选题应具有的条件 | | | | | |
| 3. 我学习这单元后对如何寻找合适的作者有了基本认识 | | | | | |
| 4. 我现在对尝试学习下一单元更有自信了 | | | | | |
| 5. 我掌握了本单元要求的基本技能 | | | | | |
| 6. 该单元的内容和活动对我很有帮助 | | | | | |
| 7. 教师待人友善、愿意帮忙 | | | | | |
| 8. 该单元的教学让我做好了参加鉴定的准备 | | | | | |
| 9. 该单元的教学方法对我学习起到了帮助作用 | | | | | |
| 10 该单元提供的信息量正好 | | | | | |
| 11. 评估与鉴定公平、适当 | | | | | |

你对将来改善本单元的教学有什么建议？

＿＿＿＿＿＿＿＿＿＿＿＿＿＿＿＿＿＿＿＿＿＿＿＿＿＿＿＿＿＿＿＿

＿＿＿＿＿＿＿＿＿＿＿＿＿＿＿＿＿＿＿＿＿＿＿＿＿＿＿＿＿＿＿＿

# 能力单元三

# 图书编辑加工

## 单 元 概 述

### 一、单元能力标准

| 能力要素 | 实作标准 | 知识要求 |
|---|---|---|
| 图书的编辑加工及印刷 | 1. 学会如何组稿<br>2. 做好审稿工作<br>3. 掌握编辑加工方法<br>4. 正确进行校对 | 1. 稿件来源及组稿方式<br>2. 组稿的程序<br>3. 三审制度<br>4. 编辑加工原则<br>5. 印刷原理<br>6. 印刷的种类 |

### 二、单元学习目标

学习者能够独立完成一项审稿或者编辑加工任务，并能运用所学知识组织稿件和审读稿件。

### 三、单元内容描述

认识什么是图书组稿和审稿工作；学会运用正确的符号进行编辑加工；掌握图书编辑加工的注意事项；认识图书印刷原理。

## 四、学习本单元的先决条件

学习者具备一定的听、说、读、写能力；具有一定的判断思维能力，并善于思考，能按照教师制定的活动程序完成"任务"。

## 五、单元学习资源

| 学习参考资料 |
| --- |
| 《图书、期刊、音像制品、电子出版物重大选题备案办法》<br>《中华人民共和国著作权法实施条例》<br>中国图书资讯网：http://www.chinabook.org<br>中国新闻出版信息网：http://www.cppinfoa.com |

## 六、单元学习方法建议

可采用小组讨论法进行教学，也可以采用任务导向式的方法进行学习，尽可能多地带领学生分析案例，课堂上教师讲授的时间原则上控制在教学时间的 1/2 以内，充分利用学生之间的互相学习和任务完成达到机能学习的目标。每一个单元结束后，必须安排鉴定与测试，同时用统一的问卷收集信息反馈，分析教学情况并做出及时的调整。

## 任务一　谨慎进行组稿

### 走进课堂

2004 年 12 月 26 日印度洋地震引发巨大海啸。于是，A 出版社科普编辑部编辑王伟策划了一个有关地震与海啸的科普读物选题：拟请科普作家张鸿军撰写，并拟选用某期刊社记者陈海拍摄的有关海啸的 12 幅彩色照片作插页。这个选题获得批准后，被列入 2005 年出书计划。王伟准备撰写一封致张鸿军的约稿信。

1. 你知道约稿信写作的要求和注意事项吗?
2. 你了解出版社其他的组稿方式吗?

# 一、什么是组织书稿

组织书稿是选择、协调作者、译者完成书稿撰写或翻译的活动,是书稿编辑流程中的重要环节。

稿源是出版事业的生命。如果没有作者撰写的书稿,编辑人员审稿加工就没有对象,选题计划就无法实现。因此,制订选题计划之后,千方百计地开辟稿源,获得符合选题要求的书稿,就成为一项重要工作。组织书稿的工作内容包括选择作者,审查提纲和样稿,签订约稿合同,直至拿到合格的书稿为止。

# 二、稿件来源及组稿方式

## 1. 自投书稿

图书出版后在市场上公开销售,出版社出书的宗旨、范围和要求便为作者所了解,引发他们自动向出版社投稿。编者不能轻视自然来稿,而要精心挑选,从大量的自然来稿中选出佳作和精品。这样既有利于扩大稿源,还能从中发现人才,壮大作者队伍。

## 2. 推荐书稿

推荐稿和自投稿一样,不是出版社主动约请作者撰写的,但两者又有区别。推荐稿是由科学文化部门和学术团体推荐的,或者是由专家学者推荐的,不是由作者直接投来的。推荐稿的质量高一些,采用的比例也大一些,有些推荐稿可能是很有价值的书稿。

## 3. 引进书稿

引进书稿是出版单位通过版权贸易或出版交流获取的书稿。随着我国实行对外开放政策，中国出版界与国际出版界逐步建立了广泛的联系，不断扩大版权贸易业务。而出版交流则是合作双方互惠互利，交换使用出版权和翻译权。这两种方式引进书稿，越来越成为出版单位书稿的重要来源。

### 4. 选编书稿

选编书稿是重要的稿源和集稿方式。编辑按照一定的编辑构思和编纂体例，从报刊上选编发表的文章和作品，整理、汇编已有的文献资料，汇编、选编、摘编已出版的图书。用选编的方式出版文集、选集、丛书、类书等，对于文化的积累有重要价值。

### 5. 征集书稿

出版单位通过一定的媒体或其他传播手段，向社会公开征集所需要的稿件，称为征稿。征稿多用于报刊的组稿工作，近年来，有些出版社也开始向社会公开征集书稿。这样既可以提前造势，也可发现人才，保证书稿质量。

### 6. 个别约稿

编辑部根据选题计划组织作者撰写的书稿称为约稿。约稿也称组稿，是出版社的一项经常性的业务活动，一般结合选题工作进行。约稿是一项具体、细致的工作，从物色作者、确定约稿关系开始，直到编辑部收到作者的书稿，约稿任务才告完成。

总之，书稿来源和组稿方式多种多样，出版社和策划编辑应广开门路，找米下锅，从尽可能多的渠道获得所需要的书稿，以丰富自己的稿源。

## 三、组稿程序

### 1. 明确选题意图

编辑必须在组稿前再次充分研究选题的性质和要求，才能以充分的说服力让作者看到市场的需求、选题的价值和设计的合理性，相信自己能够胜任。向作者约稿之前要做好准备工作，认真研究书稿的编写要求，弄清楚需要组什么样的书稿，包括出版宗旨、读者对象、质量要求、篇幅字数等。

## 2. 制订组稿方案

选题存在问题，还可以修订、调整甚至撤销，而一旦组稿，作者开始了写作，就没有太多回旋的余地。所以在组稿以前，一定要认真研究，制订具体的组稿方案。大的问题如向谁组稿、由谁组稿，小的问题如交稿时间、出书时间、装帧规格、稿酬标准等都要逐条讨论，并经过一定的审批程序，让组稿编辑做到心中有数。凡事预则立，不预则废。有了组稿方案，不管是文字的，还是口头的，编辑都可处于主动地位；没有组稿方案，一切临场处置，有时难免会考虑欠周，措手不及，影响组稿效果，甚至带来严重的不良后果。

## 3. 选择合适作者

选择作者是选题成功与否的关键。根据书稿的性质和编撰要求，从可供考虑的作者人选中选择最适合的作者。有的出版社为了出精品，提出"一流选题，一流作者，一流编辑"的奋斗目标，这对于提高图书质量会有积极的促进作用。

## 4. 确定约稿关系

确定约稿关系不是编辑个人向作者表示约稿意见，而是出版社向作者正式约稿，因此既要把握时机，又要慎重。约稿关系最终以约稿合同的方式确定下来。约稿也可以采用口头或函件约定的方式，而不签订约稿合同，这种形式多用于一般书稿或与出版社关系密切的作者的书稿。

## 5. 加强后期联络

作者有意承担书稿写作任务后，编辑还要就书稿写作问题和作者充分交换意见。编辑要说明出版意图和书稿写作的要求，然后听取作者的意见；或者对作者的写作计划和原稿提出意见，使之符合出版社的选题方向和出书要求。确定约稿关系后，组稿工作并未结束，编辑需要继续和作者联系，随时了解写作进度，帮助作者解决写作中的困难和问题，督促作者按期交稿。

活动 3.1

**策划好选题后向合适的作者写一封约稿信**

**活动目的：**掌握写作约稿信的基本要求。

**活动步骤：**第一步，学习本章任务一中如何进行组稿。

第二步，理解约稿信的写作要求的重要性。

第三步，按照要求写作。

**活动建议：**可以采用小组讨论的方式。

### 思考与练习

根据编辑工作的基本环节回答问题，并将答案写在括号内。

对于不是由出版单位主动组织的稿件（如自投稿、推荐稿、引进稿等），
（1）环节的部分需要提前到选题策划环节同时进行，并且当选题经过集体论
证通过并列入选题计划后，不会再有（2）环节，而是直接进入（3）环节，
此后的各个环节则与一般编辑过程相同。需要说明的是，（4）的编辑过程中
一般没有"签订出版合同"这个环节。

### 课堂作业一

1. 稿件的来源有哪些？
2. 出版社组稿的程序是怎样的？

# 任务二　做好审稿工作

### 走进课堂

编辑与印刷、发行同为出版的要素，作品则是出版的前提和结果。如果
没有出版活动，所有作品就不可能长期传世，所以出版活动对于社会的文化
成果积累具有重要作用。在整个出版过程中，作品创作是起始环节，编辑工
作是中心环节，因为出版物虽主要由作者提供，但要通过编辑的设计、组织、
审读、加工等，才能完善、提高。由此可见，编辑人员必须具备很高的素质。

编辑人员应该具备的素质中包括思想素质。该素质的特点之一是对各种知
识的掌握能够广、博结合，能够在工作实践中切实贯彻"百花怒放、百家共鸣"

的"双百方针",努力推动不同形式、不同风格的作品的创作,为艺术界、科学界的特定主题讨论创造条件,让不同的学术观点和不同的文艺、学术流派的成果都有出版的机会。编辑人员还要切实贯彻"他为我用、外为内用"的方针。这也是我国出版工作坚持"为人民服务、为社会服务"方向的必要条件。

**思考与提示**

1. 如何进行审稿?
2. 按审稿的基本要求,上述文字存在哪些错误或缺漏?

# 一、审稿是编辑工作的中心环节

(1)审稿是对稿件进行审读、评价,决定取舍,并对需要修改的稿件提出修改要求和建议的活动。

(2)加工整理和看校样都是在审稿之后进行的。加工整理是在审稿的基础上,进一步对稿子精雕细刻;看校样,则是出书前最后一道审查。它们都是审稿的延续,能弥补审稿的某些不足和疏漏。可见,审稿居于中心地位,举足轻重。

(3)审稿决定稿件的取舍,为文化传播把关。

(4)审稿帮助作者提高稿件质量。

# 二、审稿的基本要求

稿件质量主要有政治性、思想性、科学性和知识性的要求。同时还有一些其他要求,如稳定性、独创性、艺术性等。审稿者首先要坚持稿件取舍标准;其次对稿件的评价要客观、科学;再次审稿的操作要规范化。那些写作的品质及内容不佳的书稿,完成后严重偏离原先的出版提案的书稿,内容有误或者有版权问题等的书稿都不属于合格书稿。

# 三、审稿的方法

通读:是粗略的阅读,是审稿的第一步。目的在于摸清书稿的大致内容,对书稿的总体水平是否符合要求做出初步判断,以便确定下一步的工作如何进行。在初读过程中感觉有问题需要进一步研究的地方要做笔记或标注。

比较：是评价性阅读，是审读的第二步。读者看书一般只选读自己需要读或感兴趣的那一部分，而编辑为评价稿件，则须一读到底，然后回过头来对重要内容或有疑问之处反复研读，直到得出结论为止。有比较才有鉴别，比较是编辑审稿所使用的主要方法之一。

分析：把握稿件的本质与主流，看其是否与选题策划相契合，是否达到了选题策划的要求。看其主旨是否明确，内容是否切题，立论是否正确，材料是否可靠，表述是否通畅，体例是否统一，文字是否通顺，等等。

综合：概括书稿的主要优缺点，做出基本评价，决定取舍，需要编辑在比较、分析的基础上进行综合思考。综合思考最能反映编辑工作的特点和编辑水平。

# 四、"三审制"

"三审制"是"三级审稿责任制度"的简称，有时又称"三审责任制度"，指由初审、复审和终审三个审级组成的审稿制度。这是我国出版单位一直实行的审稿制度。有关出版工作的规范性文件历来对此有明确的规定。1997年6月新闻出版局发布的《图书质量保障体系》第八条规定："坚持稿件三审责任制度"，"初审，应由具有编辑职称或具备一定条件的助理编辑人员担任"，"复审，应由具有正、副编审职称的编辑室主任一级的人员担任"，"终审，应由具有正、副编审职称的社长、总编辑（副社长、副总编辑）或由社长、总编辑指定的具有正、副编审职称的人员担任（非社长、总编辑终审的书稿意见，要经过社长、总编辑审核）"，并规定，"三个环节缺一不可。三审环节中，任何两个环节的审稿工作不能同时由一人担任"。

## 1. 三审制的程序

初审 ⟹ 复审 ⟹ 终审

（1）下个审级对上个审级负责。

（2）三审通过的稿件才能进入加工阶段。

（3）可以增加审次和人数，但不可随意减少环节。

## 2. 各审级的任务

（1）初审：通读，在全面审查、研究的基础上评价稿件的质量，分析其优缺点，预估其经济效益，表明初审意见。

（2）复审：全面了解稿件审核、判断初审意见，表明态度，提交复审意见。

（3）终审：审查政治导向、思想倾向是否违法违规，综合评估给出终审意见。

（4）外审：不能替代三审中任何一个审级，不能担任责任编辑，意见仅供参考。主要是送有关主管部门送或有关专家，对稿件的准确评价，避免错误，主要任务不是提高质量，不是修改文字、解决枝节问题，而是解决送审单位无法判断、解决的重大问题或专业问题。

## 五、审稿中常见的问题

### （一）政治原则性的错误

#### 1. 台湾与国家并列

如：① 产品畅销台湾、香港、美国、韩国、印度。

② 这项活动已分别在中国大陆、台湾、香港、美国、加拿大、韩国和新加坡举办。

#### 2. 涉及国家的政策性问题

如：前年，地方根据国务院文件精神，停建缓建信息化建设项目，但同期，国家信息办又发文要求各地抓紧建设，这使下级政府无所适从。

### （二）技术概念的错误

（1）无线电波包括光波和电磁波。（这是个错误的概念）。

（2）网络用光纤电缆连接。（这是个错误的概念）。

### （三）英文大小写混用和中英文混用的错误

#### 1. 英文大小写混用

如 E-Mail，e-Mail，e-mail，都是错误的，应该为：E-mail。

## 2. 词头和单位的大小写混乱

计量单位符号用大写，但米（m）、克（g）用小写。审稿时应注意：数字与单位之间必须空半字距离。如：10 kg、100 m、50 A、220 V、80 kW、200 MHz，不能写成：10KG、100M、50 a、220 v、80Kw、200mHz。

## 3. 中英文混用

如：传输速率单位应为：Gb/s 或吉比特/秒或 Mb/s，不能为：Gb/秒或 Mb/秒。

## 4. 词头使用规则

（1）不能独立使用。离开了单位而独立使用词头是错误的。在文稿中常见的独立使用的词头有 μ，k 和 M。例如：电容 C=10μ 应为 C=10 μF。

（2）不得重叠使用。在书稿中常见的 mμm，mμs，μμm，μμF 和 kMW 等，都是错误的，应分别改为 nm，ns，pm，pF 和 GW。在纯叙述性文字中，常见的"毫微秒级""微微米级"一类说法也是不允许的。应分别改用"纳秒级"（或 ns 级）、"皮米级"（或 pm 级）。需要指出的是，由于历史的原因，质量的 SI 单位名称"千克"中，已经包含词头"千"，所以质量的十进倍数或分数单位应由词头加在"克"（g）之前构成，如微克（μg）不得写作纳千克（nkg）。

## （四）连线符用法的混乱

## 1. 半字线

（1）用于图号、表号、公式号。如：图 1-1，表 2-2，公式 5-2 等。
（2）用于组合术语（复合词）。如：物理-化学反应，数-模转换。

## 2. 一字线

（1）时间、地点的起止。如：2002 年—2004 年，9：00—12：00，北京—上海。
（2）人与人之间的关系，物与物之间的关系。如：斯大林—毛泽东是伟大的马克思主义者。电脑—打印机是办公自动化的基本设备。

（3）方位或走向。如：永定河以西北—东南的走向流经京津地区。

（4）标准号。如：国标 GB2312—80。

（5）设备产品型号。如：东风—7 型拖拉机，长虹—HB2951 型彩电。

（6）表示图注。如：1—底座，2—支架，3—转盘，4—连杆。

### 3. 双字线

（1）副标题前。

如：体制推进理性发展——电子政务建设初探。

（2）表示转折与递进。

如：他——高兴极了！他——惨了！

（3）注释。

如：欧姆定律——电压等于电流乘以电阻。面积——长与宽的乘积。

### 4. 波浪线

用于数字之间的变化。如：工作效率提高 20%～30%，不能写成：20%至 30%或 20～30%；经济收入增加了 100 万元～150 万元，不能写成：100～150 万元。

## （五）阿拉伯数字与汉字数字使用混乱

### 1. 阿拉伯数字与汉字数字使用的一般原则

凡是可以使用阿拉伯数字而且又很得体的地方，均应使用阿拉伯数字。

### 2. 阿拉伯数字的适用场合

（1）公历的世纪、年代、年、月、日和时刻，以及日本年号纪年。比如：20 世纪，90 年代，2001 年 4 月 20 日 9 时 30 分，公元前 8 世纪，90 年代，昭和 16 年。

注意：① 年份一般不应简写。如 1990 年不应写作"九〇年"或"90 年"。

② 引文著录、行文注释、表格、索引、年表等，年、月、日的标记格式可表示为另一形式。如：2001 年 4 月 20 日可写作 2001-04-20，仍读作 2001 年 4 月 20 日。

③ 时、分、秒的表示格式也可表示为另一形式。如：9 点 30 分 50 秒可写作 9∶30∶50。

（2）统计表中的数值。如正、负整数，小数，分数，百分比，比例等。比如：88，150，-130，0.6，1/2，60% ~ 70%，1∶300。

（3）物理量值必须使用阿拉伯数字，并正确使用法定计量单位。科学技术领域里使用的表示长度、质量、时间、电流、热力学温度、物质的量和发光强度的量，等等。使用的单位是法定计量单位。如：400 km，1 000 W，500 V，6 A，736.80 km，600 g，100 kg ~ 150 kg，12.5 m²，外形尺寸 400 mm × 200 mm × 300 mm。不能写成 400 × 200 × 300 mm。

（4）一般情况下的非物理量应使用阿拉伯数字。比如：21.56 元，88 万元，500 美元，600 英镑，25 岁，14 个月。

（5）多位数与小数应使用阿拉伯数字。比如：6 666 666，8.888，3.141 592，8 888 888.888 888 8，0.49 不能写成 .49。

（6）非科技出版物中的数值一般可以"万""亿"作单位，与阿拉伯数字配合使用。比如：345，000，000 可写成 34，500 万或 3.45 亿，但一般不能写成 3 亿 4 千 5 百万。

（7）数值巨大的精确数字，为了便于定位读数或移行，作为特例可以同时使用"亿、万"的单位。比如：我国 1990 年人口普查人数为 11 亿 3 368 万 2 501 人。

（8）用阿拉伯数字书写的一个数值应避免断开移行。

（9）部队番号、文件编号、证件号码和其他序号均用阿拉伯数字。比如：82892 部队，国家标准 GB2312—80，国发〔1998〕9 号文件，13/14 次特别快车，90 号汽油，维生素 $B_{12}$。

（10）引文标注中版次、卷次、页码一般均使用阿拉伯数字。

### 3. 汉字数字的适用场合

（1）定型的词、词组、成语、惯用语、缩略语和具有修辞色彩在词语中作为语素的数字，必须用汉字数字。

（2）中国干支纪年和夏历月日，中国清代和清代以前的历史纪年、多民族的非公历纪年。比如：丙寅年十月十五日，腊月二十三日，正月初一，秦文公四十四年，藏历阳木龙年八月二十六日。

（3）含有月日简称表示事件、节日和其他意义的词组。比如：五四运动，七七事变，"九五"规划。

注意：

① 如涉及一月、十一月、十二月，要用间隔号"·"将表示月和日的数字隔开并外加引号避免歧义。如："一·二八"事变（1月28日），"一二·九"运动（12月9日）。

② 是否使用引号，视事件的知名度而定。比如：八一建军节，五一国际劳动节，"十五"规划，五卅运动，"五二〇"声明，"五一三"事件。

（4）整数一至十，如果不是出现在具有统计意义的一组数字中，可以用汉字，但要照顾到上下文，求得体例上的一致。比如：一个人，三本书，四种产品，六条意见，读了十遍。

（5）相邻的两个数字并列连用表示概数必须用汉字。连用的两个数之间不能用顿号"、"隔开。比如：二三米，一两个小时，三五天，三四个月，一二十个。

（6）用带有"几"的数表示约数，必须使用汉字。如：几千年，十几天，一百几十次，几十万分之一。

（7）用"多""余""之间""左右""上下""约"等表示的约数一般用汉字。比如：得奖十余次，获奖作品有一千多件，接收了约三千名学生。

### 4. 数量的增加或减少要注意下列用词的概念

（1）增加为（或增加到）过去的 2 倍，即过去为 1，现在为 2。

（2）增加（或增加了）2 倍，即过去为 1，现在为 3。

（3）超额 80%，即定额为 100，现为 180。

（4）降低到 80%，即原来为 100，现在为 80。

（5）降低（或降低了）80%，即原来为 100，现在为 20。

（6）为原数的 1/4，即原数为 4，现在为 1；或原数为 1，现在为 0.25。

应特别注意在表达数字减小时，不宜用倍数，而应采用分数，因为用倍数表达容易引起歧义。

### （六）用词不妥（以下从正面说明）

必须：一定要，强制性的。例：必须输入数据。

必需：一定要有的物。例：输入必需的数据。别忘了带好必需用品。

度：度过时间。　　　例：欢度春节。

渡：渡过空间。　　　例：渡过难关。

复：再，转过来。　　例：反复考虑，重复使用。

覆：盖住，翻过来。　　例：路上覆盖着白雪。这是颠覆不破的真理。

备：完全。　　　　　　例：关怀备至，备受欢迎。

倍：加倍。　　　　　　例：事半功倍，勇气倍增。

## （七）同音同义词的首选词（首选一字线前的词）

| | | |
|---|---|---|
| 笔画—笔划 | 辈分—辈份 | 标志—标识 |
| 参与—参预 | 成分—成份 | 瓷器—磁器 |
| 赐予—赐与 | 搭档—搭当 | 答复—答覆 |
| 担心—耽心 | 订单—定单 | 订货—定货 |
| 分量—份量 | 分内—份内 | 复信—覆信 |
| 干预—干与 | 告诫—告戒 | 光彩—光采 |
| 过分—过份 | 喝彩—喝采 | |

## （八）不能简化的字（必须用一字线前的字）

| | | | |
|---|---|---|---|
| 戴—代 | 赣—干 | 街—丁 | 龄—令 |
| 零—另 | 歉—欠 | 停—仃 | 泰—太 |
| 舞—午 | 塘—圹 | 预—予 | 遇—迂 |
| 圆—园 | 整—正 | 嘴—咀 | 橘—桔 |
| 黏—粘 | 拚—拼 | 萧—肖 | 帮—邦 |
| 跤—交 | 煽—扇 | 蓝—兰 | 副—付 |

## （九）不同录入法的常见错字（一字线前的正确）

### 1. 字形输入错误

| | | | |
|---|---|---|---|
| 钳位—错位 | 几倍—几位 | 薄膜—簿膜 | 选项—选顶 |
| 拨号—拔号 | 输入—输人 | 时候—时侯 | |

### 2. 拼音输入错误

| | | | |
|---|---|---|---|
| 进行—近行 | 趋势—驱势 | 及时—计时 | 清晰—清析 |
| 常量—唱量 | 遥控—摇控 | 按钮—按纽 | 测量—侧量 |

勉强—免强　　　上级主管—上极主管　　　电阻挡—电阻档

## （十）的、地、得混用

（1）的——形容词后缀，作定语。例：可爱的，勤劳的，温暖的，恶劣的。

（2）地——副词后缀，作状语。例：努力地，认真地，仔细地，详细地。

（3）得——附着于动词的助词。例：唱得好听，讲解得详细，说得很正确。

---

**活动 3.2**

### 寻找一份自投稿件并对其进行审稿

**活动目的：**掌握审稿的基本要求。

**活动步骤：**第一步，寻找一份自投稿。

第二步，按照审稿的要求进行审核。

第三步，写出审稿意见。

**活动建议：**可以采用配对法（一部分人设计自投稿件，另一部分人实施审稿，最后进行配对）。

---

**思考与练习**

我国出版工作的根本任务，是促进社会主义先进生产力和先进文化的发展，满足人民群众日益增长的物质需求和精神文化需求。现阶段我国出版工作的主题，是繁荣文化。建设和谐文化，为构建社会主义和谐社会做出文献。出版工作的巾心环节足编辑、复制和发行工作。人类通过智力劳动创作的各种作品，都可以成为出版活动的前提。出版物则是出版活动的成果。编辑人员要对作品进行改编，使它优化和增值，从而提高出版物的质量。编辑人员必须具备并不断提高政治素质、思想素质、文化素质、职业素质等。只有这样，才能保证我国出版工作坚持"为人民服务，为社会主服务"的方向。出版业首先要讲社会效益。但不能以牺牲经济效益为代价。出版活动中的社会效益是指有益于社会主义物质文明、政治文明、精神文明建设和社会主义和谐社会建设的出版效果，经济效益是通过图书销售等获得的经济收益。要坚持社会效益与经济效益并重的原则，对没有经济效益或者没有社会效益作品的都不能出版。在出版物编辑工作中，每个编辑人员都应该坚持"质量第一"的原则，即对出版物的编校质量、设计质量和复制质量严格要求，精益求精。

## 【问题】

1. 按照审稿要求，该段文字存在哪些错误？
2. 按照审稿要求，该段文字存在哪些遗漏？

### 课堂作业二

1. 审稿的基本要求是什么？
2. 审稿的程序是什么？
3. 审稿的注意事项是什么？

# 任务三　掌握编辑加工方法

### 走进课堂

作品一旦出版，便成为既是精神产品又是物质产品的出版物。保证出版物产生正面社会效用，是编辑工作的重要目的。因此，作为编辑人员，应当具备政治认知能力、判断能力、策划能力、社会活动能力、语言文字能力、信息感知能力和审美能力等。自审稿起至样品检查止的编辑工作全过程，是编辑充分展现自己素质和能力的舞台。内容质量上乘的优秀出版物，往往是作者和编辑共同劳动的结晶。所以，编辑人员必须善于做好作者工作，其工作内容包括：一是发现作者。编辑要善于发现适合出版单位需要的成熟作者和有发展前途的新作者。二是选择作者并进行组稿。编辑要根据出版单位的性质、任务、专业分工和出版重点，选择符合出版单位需要的、最合适的作者，组织相应的稿件。三是建立作者数据库。编辑应该把有关作者的各种信息一一输入数据库中并保持不变，以保证作者资源在稳定中蓬勃发展。四是与作者保持经常联系。编辑不仅在某一具体出版物的编辑过程中要与相应的作者保持经常联系，及时交流稿件处理意见，而且在平时也要与基本作者保持经常联系。五是为作者服务。为作者服务主要是围绕作品的出版进行。六是维护作者权益。在作者与编辑签订出版合同的过程中，编辑要把维护出版社权益与维护作者权益结合起来。

**思考与提示**

1. 你知道编辑加工的方法是什么吗？
2. 编辑加工的原则是什么？

# 一、稿件加工的定义

稿件的加工整理就是我们通常所说的编辑加工，是按出版的要求对稿件进行检查、修改、润饰提高。对稿件中存在的局限、疏漏、差错、不规范现象进行加工整理。编辑加工的工作要求编辑具有扎实的业务功底、广博的知识水平、严谨的工作作风和高度的责任意识。编辑的创造性作用在这里得到充分的发挥。

# 二、稿件加工整理的方法

## 1. 认真审读，发现问题

加工时一般应先读两遍，第一遍快速浏览，大处着眼，着重了解稿件总体情况；第二遍逐字逐句审读，对认为有必要进行加工的地方，可以用铅笔写下意见或作记号。不能拿到稿子就动手加工，这样常常会改得乱七八糟。

## 2. 拟订方案，标准一致

不能毫无准备，没有思考，拿起笔来就改，这样容易出问题，不是留下错漏，就是前后不一甚至矛盾，到后来发现改错了还要返工。同时，掌握统一的规范，保持规范一致。

## 3. 先定框架，后定细节

加工整理最好先从大的总体框架开始，然后再对局部细节仔细琢磨。框架定好，稿件总体站得住，细节的精雕细刻才能有基础，否则在细节上忙了半天，框架没站住，可能全盘否定，就会造成劳而无功。

### 4. 选用色笔，书写端正

各级编辑用笔着色要区分开来，易于辨认修改原稿与校对校样不一样，加工整理时不使用校对符号，如删除的字句只要涂去即可，不需用"删除"符号；添加的字句直接加到有关部位即可，不要写在空白处再用线引到文字中。

### 5. 电子文稿，须留痕迹

一是作好原稿的备份；二是使用 Word 中的"修订"功能加工，以与原稿不同的颜色或标志明确区分编辑的修改之处，则更加清晰。

## 三、稿件加工整理的任务

杜绝政治性的错误；纠正知识性、科学性的失误；校订引文、事实材料、索引，验算数字；统一名词、术语、人名、地名、计量单位、数字用法等；润饰文字，包括改正病句，删除重复啰嗦的句子、段落，纠正情节与提法前后矛盾的现象等；订正错字、别字、漏字、衍字、不规范的简化字和简称、异体字、外文字母，以及使用不当的标点符号；调整某些需要调整的篇章结构；按照排印要求，处理插图、表格；撰写"出版说明"（或"编者的话"）、内容提要；确定书名；等等。

## 四、稿件加工整理的原则

（1）政治问题要严，学术问题可宽。处理稿件中涉及政治方面的问题，必须坚持四项基本原则，遵守宣传纪律，严格地同党和政府的公开提法保持一致，不得另持一说，不得违背国家现行法律和政策，不得泄露党和国家机密。对于学术思想观点，则要贯彻"百家争鸣"的方针，不宜任意褒贬、删改。但政治问题与学术问题有时难以截然分开，加工整理时需从严格把好政治关出发，依照稿件的具体情况慎重、妥善地处理。

（2）可改可不改的不改，非改不可的才改。当改的要改好，不能改得比原文差，或改出新的差错，甚至把对的改成错的。

（3）只从稿件质量着眼，对作者一视同仁。既不在名家面前妄自菲薄，不在熟悉的作者面前放宽尺度，轻易地放过他们稿中的差错，也不在非名家、不熟悉的作者面前妄自尊大，轻率地任意删改其稿件。

（4）既要充分尊重作者的著作权，又要切实履行编辑的职责。对作者的观点和行文风格，不能凭编辑个人的喜恶随意改动，更不能把编辑自己的意见强加给作者。凡有较大的改动，都应取得作者的同意。但也不能用"文责自负"作为加工整理粗疏甚至放弃加工整理的借口。

# 五、稿件加工整理的内容

加工整理往往占去编辑人员的大部分工作时间和精力。要使编辑人员的主要精力能用到选题、审稿方面，而又保证发稿质量，关键是把好审稿关。审稿和退修意见要尽量写得具体详细，并帮助作者熟悉本社书刊在技术规格方面的要求，由作者自己把稿件加工整理到尽可能完善的境地。

## 1. 加工文字

（1）消灭错别字。

（2）纠正标点符号的错误。

（3）改正不规范的简称。

（4）改正病句和生造的词语。

（5）删削赘文。

（6）调整结构。

## 2. 核对引文

## 3. 查对资料

查对的方法：

（1）查来源。从资料来源（第一手的还是第二、三手的，权威的还是非权威的）判断资料的可靠程度。

（2）找矛盾。对照重复出现的数字、日期、人名、地点、事件、事实等，如果说法不一，其中必有一错。

（3）寻疑点。对比相互关联的事实，如果出入悬殊，则值得怀疑，需加核实。

（4）作验算。对数字资料中的一些关键性数字，包括百分比、倍数等加以验算，可避免由于计算有误而造成的差错。

### 4. 校订译文

### 5. 名称规范化

（1）人名。
（2）地名。
（3）国家、团体名要符合历史。
（4）科技名词亦应规范化。
（5）外国书籍名，已有通用中译名的，不必另译新名。

### 6. 统一体例规格

体例：包括选材、设条的标准，行文、插图的要求，分类、编排的原则，名词术语、符号数字、计量单位的用法，标题的层次序号和用字、占行，引文、注释的排式等。

### 7. 处理插图表格

插图：包括线条图、照片、美术绘画作品、地图等。

### 8. 确定书名

确定书名（包括丛书名）需注意：① 名实相符，书名能充分体现书的内容、性质和特点。② 书名本身有思想、有新意、有文采，能引起读者的兴趣和共鸣。③ 文字简短（一般不超过 10 个字为宜），字字凝重，读来朗朗上口。

### 9. 拟定标题

标题是对文章内容鲜明、精练的概括和提示，它使文章的内容醒目，层次分明，重点突出。在一本书中，书名是最大的标题，往下的层次是篇（编、部分）题、章题、节题、小节题、段首题。刊物文章的标题层次较少。标题还有主标题、副标题之分。

拟定书中的标题和拟定单篇文章的标题的基本要求是相通的：
（1）准确。要确切地概括文章的内容，反映文章的特点。
（2）简洁。要善于概括，锤炼字句，做到言简意赅，画龙点睛。
（3）鲜明。要新颖、独特，明确地表达作者的爱憎褒贬。
（4）生动。要讲究修辞手法，有吸引力。通俗读物的标题尤其要新鲜活泼。

（5）一致。标题形式有多种，有直接表述主题的，有暗示、隐喻主题的，但同本书中的标题句式应一致，不能兼用多种修辞手法，长短也不宜悬殊。

---

**活动3.3**

　　在加利福尼亚州，有一个农夫，拥有一座牧场。1847年的时候，他从报纸上得知，在南加州发现了金矿。于是他把自己的牧场卖给一个叫科隆勒尔·苏特的人，自己去南加州淘金。科隆勒尔·苏特接手后，在这座牧场后的小溪上盖了一座磨坊。有一天，他的小女儿从磨坊的水沟里挖起一些湿漉漉的沙子，带回屋里，并把它们撒在壁炉前，想把它们烘干。后来，一个前来拜访的客人发现，小女孩玩沙子时，从她手指间流泻而下的沙粒竟然有些闪闪发亮——那便是加州最早发现的天然黄金。那个一心要寻找黄金的加州佬，却卖掉了自己的这座牧场，远走他乡，再也没有回来过。

**活动目的：**帮助学习者学习如何审稿和编辑加工稿件。

**活动步骤：**第一步，阅读材料。

　　　　　　第二步，根据审稿加工的细则进行编辑加工。

**活动建议：**建议独立完成。

---

## 思考与练习

　　阅读分析短稿，并按照稿件加工整理的规范进行编辑加工。

　　期刊整体上是一种汇编作品。将不同作者创作的单篇作品组合成一份期刊的工作，通常由期刊出版单位进行，所以期刊出版单位享有单篇作品著作权。作者将自己创作的作品投给期刊出版单位，就是表明将该作品的出版权和汇编权转让给期刊出版单位使用。这是一种必须以书面文件形式表示的著作权授权行为。对于甲期刊上首次刊登的某篇作品，其他期刊如果要转载、摘编，不必征得该作品作者的同意，也不需要支付报酬，因为这是著作权局限的一种方式—合理使用。其他期刊转载、摘编时，就该说明甲期刊的名称和相应期号，为此，必须事先得到甲期刊出版单位的同意。四期刊出版单位有权不准许其他期刊转载、摘编，而该作品的作者若事先声明不许转载、摘编，则是无效的。

　　期刊出版单位对期刊的内文版式和封面装帧享有版式设计权。这是一种与著作权有关的邻界权，也受著作权法保护，其保护期截止于期刊首次出版后第三十年的12月31口。

**课堂作业三**

1. 稿件编辑加工的原则是什么？
2. 稿件编辑加工时应注意些什么？

## 任务四　正确使用校对方法

**走进课堂**

### 电子书的普及出现转机

不久的未来，学生们不用再背着沉掂掂的书包去上学，取尔代之的是人手一本小巧玲珑的电子书。学生们还可以将课外读物添加进去。这本电子书里囊括了上课所必须的各种教材。只要轻轻的一按，它就能显示出当天应该学习的章节，省去了一页、页翻书的繁唢。

日本松下公司最近开始供应一种《西格玛书》。该电子书分辩力较高，可以象书一样折迭，打开后的尺寸为 29×20 厘米，质量约 550g 左右。索尼公司的一种超薄形电子书，内置（容重）约 10Mb 的存储器，其显示装置上的电子纸采用了美国 E-ink 公司开发的微胶囊电泳技术。

**思考与提示**

1. 这段初校样存在哪些问题？
2. 如何正确使用校对方法？

# 一、校对的含义及性质

"校对"是根据原稿核对样本或根据底本核对抄本等复制本以发现和订正差错的工作程序。"校"本意为校勘、考订，首见于《国语·鲁语下》"昔正考父校商之名颂十二篇于周太师"，距今已有 2 700 多年。"对"是"相对""对照"。"校对"和"校雠"是同义词。

"校"和"对"作为与订正书本差错有关的用字首见于西汉刘向《别录》对"校雠"的解释："一人读书，校其上下得谬误，为校；一人持本，一人读书，若怨家相对，故曰雠也。"

在雕版印刷时期，因为雕版必须将校定本誊写在纸上，再反贴在木板上，

79

这种誊写称作"写样"，把写样比照校定本校勘的工作称为"校对"。后来尽管编辑过程中的校勘和编辑工作完成后的校对已彻底分离，但其基本含义和根本性质并未变化：它仍然既要消灭原稿在转移（录入输出）过程中产生的错误现象，又要改正原稿本身存在的错讹之处，以保证提供给读者准确优质的出版物。

消灭原稿在转移过程中的错误，称为"校异同"，是指校对之后发现并改正校样中一切不同于原稿或定本的错误，古人称此为"死校"；校正原稿与定本中的错误或不妥之处，为"校是非"，古人称此为"活校"。

无论校异同的"死校"，还是"校是非"的"活校"，二者之间是紧密相连、互相补充的互融关系，即校异同中有校是非，校是非中有校异同，目的是一致的，功用是互补的，二者同等重要，不可偏废。

传承文化是图书编辑的责任和义务，编辑应把适于传播作为改稿的出发点，因此，编辑在校对时必须具有不只"改对"，还要"改好"的积极态度，对社会对作者负责。

# 二、校对程序及要求

《图书质量保障体系》规定："坚持责任校对制度和'三校一读'制度。"第十条同时明确规定："终校必须由本社有中级以上专业技术职称的专职校对人员担任。"这是"三校一读"这一校对运作基本制度的重要内容。所以，"三校一读"制度的两个重点是：校次不可随意减少，终校不可由非专业校对人员或初级专业校对人员担任。

## 1. 校前准备

充分做好校前的准备工作，是保证校对工作顺利实施的基础。校前准备阶段，首先需要安排校次。原稿需要多次校改，才能付印复制，其中每一次校对称为一个校次。校次的安排，就是出版单位根据发稿总字数、原稿性质及排版质量，按照原稿的具体情况而定校对的次数。在安排好校对次数的同时，还要对每次校对的时间及起止日期做出规定。

其次做好人员分工。一般情况下，每一个校次由一人担任校对工作；大部头的出版物可组织多人合校，但要保持相互联系，以求格式、字体、字号的统一。

再次，拿到原稿，要检查有无缺件，并要了解排版要求，如版面格式、开本规格等。在充分做好这些校前准备工作之后，方可进行正式校对。

## 2. 校对程序

在不同的校次中，校对的方法和注意的重点应当有所不同。一、二校比照原稿校改校样，以校异同为重点。在原稿数字化的情况下，以发现录排差错（如形似字、同音字误排）、非规范文字（如错简字、异体字、旧字形以及数字、量和单位名称不符合国家标准的错误用法）和格式差错为重点，这实际上是扩大了的校异同，即以国家有关规范标准作为比照物。三校与通读则可脱离原稿审读校样，以校是非为重点。校对人员无权修改原稿，发现原稿上的差错只能用铅笔画出，并填写质疑表，至于应否修改和怎样修改，则由责任编辑决定。校对质疑及编辑排疑，均应记录存档，以供编校质量检查。有条件的出版社可以试行授权校对人员直接校改的制度，但校改后须经责任编辑过目。

在每次校对之后，要根据校对标注对原样进行修改，此道工序称之为改样。改样与校样次数不完全等同。一部原稿的校数出版单位采用的是三校三改或三校二改（三连校，二校后不改）。三校一改方式虽然能缩短校改周期，但难以保证出版物质量，所以不可取。

## 3. 校后整理

由于出版单位内的三校与通读以及著作者和责任编辑的通读是同时进行的，所以在校读完毕之后要将著作者与责任编辑在通读中所提的意见进行整理，对一些互相矛盾的意见进行判断、取舍，将确需订正的问题全部誊入一份校样内，以便统一改版。

整理工作包括：

（1）全书校完后，汇总校样，清点全书页码。

（2）处理背白、台面等占页问题。

（3）检查书眉位置是否准确，内容是否符合要求。

（4）清点图序、表序、题序是否连贯。

（5）检查各级标题、序号是否连贯，字体、字号是否统一，有无背题现象。

（6）检查封面、书名页中的相关项目是否一致。

（7）检查图、表、公式的位置与格式是否恰当与规范。

（8）核对目录标题与正文标题内容是否一致，并填写页码。

（9）核对注释与正文的一致性。

（10）检查数字、标点符号、专用名词以及外文的用法是否规范、统一，等等。

## 三、各种校对主体职责

在现代出版业，校对工作分为：印刷厂校对、出版社专职校对员校对、编辑人员校对和作者自校四种类型。送到出版社的校样，编辑、作者、校对都要进行检查阅读。这种校对主体的多元交叉，各有侧重，可以最大限度地保证校对质量。

编辑在对原稿加工中已经付出了辛勤的劳动，对原稿的把握较为准确，优势比较明显。编辑在校对阶段，应当认真通读初校样、二校样、三校样，通过看校样来弥补加工原稿过程中的疏漏和不足，并纠正校样上的排版差错。同时要指导作者看校样，向作者提示看校样应注意事项，并对收回的作者校样上的改动作出取舍。还要了解校对人员对内容提出的质疑并妥善解决。编辑校对时注意只作必要的改动，必须作较大改动时，应按照电脑排版的特点增字减字、涨行缩行、调整版式。

作者校对，由于自校优势，可以很好把握书稿整体结构、学术观点及专业知识。作者要利用看校样的机会，弥补撰写稿件时的疏漏和不足。如果存在问题，就应在看校样过程中加以解决。作者校对时，对图表、外文、注释等方面应注意检查。这些内容大都由作者所制所写，字体又小，如果作者忽略校对，就很容易形成潜伏性的差错。作者在校对时，也应注意检查纠正排版差错。

责任校对担负着重要的责任，"三校一读"的繁重任务全靠责任校对完成。责任校对在校对时，应保存好原稿，绝不允许丢失损坏。并认真核对原稿，改正包括标题、内文、引语、用字用词、标点符号、数字、插图、表格、字体和字号等方面存在的差错。此外，责任校对还应当做好文字技术整理工作，包括核对封面和书名页，核对目录和要目，检查正文各级标题题序及体例，检查书眉，调整脚注，统一规范用字等。

## 四、基本校对方法

### 1. 对校法

对校法是比照原稿校对校样，使校样上的文字、标点符号与原稿完全相符，达到消灭一切与原稿不符的录排错误的一种校对方法。它是各种门类出版物校对都要采用的主要方法，是校对工作的基础。对校法的特点是比照原稿，逐字核对校样，发现校样与原稿之间的异同，以原稿为依据改异存同，保证原稿正确无误地复制成付印样。

具体操作起来，对校可采用以下几种方法。

（1）点校。将原稿放在校样左方或上方，先看原稿，后看校样，逐字逐句进行校对。

（2）折校。把校样放在桌上，再将一页原稿夹在两手的拇指与食指和中指之间压在校样上，把要校对的字句对准校样相同位置的字句，进行校对。

（3）读校。这是两人以上合作的校对法，一人朗读原稿，一人或两人校对校样并改正校样上的错误。

（4）倒校。指对清样从末尾开始，一字一字对照原稿进行校对，这种校对法适用于重要的经典著作和短诗之类的书稿。

## 2. 本校法

本校法是在通读校样中通过本书前后、左右内容互证，发现问题，订正讹误的一种校对方法。本校法要求校对主体具有丰富的经验和较强的辨错能力，否则，在操作过程中常常会出现顾此失彼、挂一漏万的现象。本校法的特点是一定要依据本书的内在联系来进行相关内容的对照，包括以纲目校目录，以目录校正文，文图相对，文表相对，正文与注释对，名词术语、概念前后对等，通过对照，发现问题，订正讹误。它不仅可以消除对校疏漏，达到提高校对质量的目的，还可以为编辑加工起到拾遗补缺的作用。

## 3. 他校法

他校法的特点是以他书校本书。通常是在通过本校发现原稿的疑点之后采用此法，主要是利用各种标准和规范及权威书籍，从中找到排疑的根据。在校对古籍类、科技类图书中用他校法最多。平时我们利用《辞海》《辞源》《现代汉语词典》等工具书来校正用字用词错误也当属他校法。有时需要通过数本复议来确认差错。为此，要求校对主体对新标准、新规范要有所了解，对权威工具书要相当熟悉，这样才能迅速、准确地运用此法释疑解难。

## 4. 理校法

理校法是校对者运用自己的知识进行分析、推理，在通读中对原稿是非作出判断的校对方法。理校法的特点是凭借校对者的主观认识来进行是非判断。一是从分析字词含义入手进行推理判断，二是运用逻辑方法进行推理判断。无论采用何种方法理校，都需要校对者对样稿内容经过通读进行理解。理解是理校的中心，而准确的理解靠的是丰厚的知识积累。因此，在采用理校法进行校对时，要充分展开联想、推理、判断、识别等一系列复杂的思维活动，从而避免妄改。

## 5. 核红法

核红法即以新校样与校改样对照，检查校后改版质量的校对方法。校对人员在校对过程中发现差错后通常用红笔订正，以作为录排人员改版的依据。由于各种各样的原因，改版发生差错，应改而未改，有时甚至错改，因此需要通过核红，检查改版质量。核红的技术要领是核对标改处是否改正，如果发现未改，除重新标改外，还要检查邻行、邻位有无错改。核红完毕后，还要检查每页四周有无涨缩，发现涨缩，则要查明涨缩原因，消除差错。此外，如果发现前校次校对质疑，编辑未曾排除疑留问题，则要重新质疑，提醒编辑排疑。

## 6. 人机结合法

在人工校对的同时，应用计算机校对软件进行校对，实行人校与机校相结合。人机结合校对作为一种校对办法，其具体操作方法，目前我国出版界使用最多的是以下两种。其一是"人机结合二三连校"。做法是：一校改版后，打出两份校样，一份实行机校，一份交给编辑自校。用软件进行二校后不改版，接着由校对人员通读检查，任务是对电脑校对的差错提示进行判断，同时，发现并改正电脑的漏校。三校后交给责任编辑做最后处理。这种做法，可以减少人员的负担。其二是"清源净后"。做法是：由编辑在修改加工过程中使用校对软件，在源头上消灭错别字；校对人员再对编辑文本进行校对，任务是消灭残留差错和进行技术整理；为了确保校对质量，人校改版后由校对人员再用校对软件快速校对一次，消灭残留差错。

# 五、校对符号及使用要求

校对时标注在校样上的记号叫校对符号。它是沟通作者、编辑者、校对者、排版者之间联系的一种以特定图形为主要特征的、表达校对要求的符号。1982 年以前，我国各出版单位所使用的校对符号不尽相同，为了统一我国出版印刷业中文（包括少数民族文字）各类校样的校对工作，国家出版局于 1981 年 12 月 20 日发布了《中华人民共和国专业标准·校对符号及其用法》，并于 1982 年 1 月 1 日在全国试行。1993 年 11 月 16 日，国家技术监督局正式颁布了《校对符号及其用法》。这就为全国出版校对工作的标准化打下了良好基础。每一位校对、编辑人员及作者，都要熟悉并正确地使用统一的校对符号（见附录《校对符号及其用法》）。

使用校对符号的要求如下：

（1）使用校对符号要严格遵循《校对符号及其用法》的规定。

（2）《校对符号及其用法》所列校对符号，仅适用于各类校样的校对工作，编辑加工整理原稿，如不是磁盘所附打印稿，不宜使用校对符号。

（3）在校样上改正的字符应书写清楚，符号的位置要放得准确，通过符号标注要使改版人对应改处一目了然，不致产生疑义和误会。

（4）一切指示性和说明性文字都应在下面加圆圈，以免和其他改正文字混淆。

（5）在使用校对符号时，正字的外围一般加圈（或框），但在一张校样上如果改字不多，每个字不致和他字连接混淆时，也可以不加外圈。

（6）删除符号不能用于删除一个汉字的一部分（如"静"改"争"，不能用删除符号来到删除其偏旁"青"）。

（7）改正外文字母应注出如希腊字母、拉丁字母、俄文字母等文种，以及大、小写，正、斜体。

（8）在校改"-"时，必须注明对开"-"、全身（或一字线）"—"、双连（或破折号）"——"字样。

（9）引线引出行间后应向上提，并靠上边书写改正的字（符），不要影响下面的改动。改正的字（符）应写在较近的空白处。

（10）不要随意使用自己杜撰的符号，能运用校对符号表达清楚意思的，尽量不用汉字叙述。

总之，使用校对符号应注意的基本原则是使改样者能理解标注的意思，以利准确改版。

# 附录 校对符号及其用法①

| 编号 | 符号形态 | 符号作用 | 符号在文中和页边用法示例 | 说　明 |
|---|---|---|---|---|
| | | | 一、字符的改动 | |
| 1 | | 改　正 | 增高出版物质量。　提<br>改革开放　放 | 改正的字符较多，圈起来有困难时，可用线在页边画清改正的范围　必须更换的损、坏、污字也用改正符号画出 |
| 2 | | 删　除 | 提高出版物质质量。 | |
| 3 | | 增　补 | 要搞好校工作。　对 | 增补的字符较多，圈起来有困难时，可用线在页边画清增补的范围 |
| 4 | | 改正上下角 | $16=4^2$　2<br>$H_2SO_4$　4<br>尼古拉 费欣<br>$0.25+0.25=0.5$<br>举例：$2×3=6$<br>$X:Y=1:2$ | |
| 5 | | 转　正 | 字符颠亚要转正。 | |
| 6 | | 对　调 | 认真经验总结。<br>认真验结经总。 | 用于相邻的字词<br>用于隔开的字词 |
| 7 | | 接　排 | 要重视校对工作，<br>提高出版物质量。 | |
| 8 | | 另起段 | 完成了任务。明年…… | |
| 9 | | 转　移 | 校对工作，提高出版物质量要重视。<br>"以上引文均见中文新版《列宁全集》。<br>编者　年　月<br>……<br>各位编委； | 用于行间附近的转移<br><br>用于相邻行首末街接字符的推移<br><br>用于相邻页首末街接行段的推移 |

① 引自《中华人民共和国国家标准 校对符号及其用法》（GB/T 14706—93）。

| 编号 | 符号形态 | 符号作用 | 符号在文中和页边用法示例 | 说　明 |
|---|---|---|---|---|
| 10 | 或 | 上下移 | 序号｜名　称｜数量<br>01｜显微镜｜2 | 字符上移到缺口左右水平线处<br>字符下移到箭头所指的短线处 |
| 11 | 或 | 左右移 | 要重视校对工作，提高出版物质量。<br>3 4　5 6　5<br>欢呼　歌唱 | 字符左移到前头所指的短线处<br>字符左移到缺口上下垂直线处。符号画得太小时，要在页边重标 |
| 12 | | 排　齐 | 校对工作非常重要。<br>必须提高印刷质量，缩短印制周期。　国家标准 | |
| 13 | | 排阶梯形 | RH₂ | |
| 14 | | 正　图 | | 符号横线表示水平位置，竖线表示垂直位置，箭头表示上方 |
| 三、字符间空距的改动 | | | | |
| 15 | ∨ ＞ | 加大空距 | 一、校对程序<br>校对胶印读物、影印书刊的注意事项： | 表示在一定范围内适当加大空距<br>横式文字画在字头和行头之间 |
| 16 | ∧ ＜ | 减小空间 | 二、校对程序<br>校对胶印读物、影印书刊的注意事项： | 表示不空或在一定范围内适当减小空距<br>横式文字画在字头和行头之间 |

| 编号 | 符号形态 | 符号作用 | 符号在文中和页边用法示例 | 说　明 |
|---|---|---|---|---|
| 17 | （空距符号） | 空 1 字距<br>空 1/2 字距<br>空 1/3 字距<br>空 1/4 字距 | 第一章校对职责和方法<br>1. 责任校对 | 多个空距相同的,可用引线连出、只标示一个符号 |
| 18 | Y | 分开 | Goodmorning！ | 用于外文 |

四、其 他

| 编号 | 符号形态 | 符号作用 | 符号在文中和页边用法示例 | 说　明 |
|---|---|---|---|---|
| 19 | △ | 保留 | 认真搞好校对工作。 | 除在原删除的字符下画△外,并在原删除符号上画两竖线 |
| 20 | ○ ＝ | 代　替 | 色的程度不同,从淡色到深色具有多种层次,如天色、潮色、海色、宝色……　　　○＝蓝 | 同页内有两个或多个相同的字符需要改正的,可用符号代替,并在页边注明 |
| 21 | ○○○ | 说　明 | 第一章 校对的职责 改黑体 | 说明或指令性文字不要圈起来,在其字下画圈,表示不作为改正的文字。如说明文字较多时,可在首末各三字下画圈 |

---

**活动3.4**

### 选择一份初校样进行校对练习

**活动目的：** 帮助学习者学习如何进行稿件的校对。

**活动步骤：** 第一步,寻找一份初校样。

第二步,运用正确的校对方法进行校对。

**活动建议：** 建议独立完成。

## 思考与练习

### 通读并纠正校样中的错误

给南京留下历史性荣耀的是明代的应天府城。它经历了 600 多年的风风雨雨，满身疮痍，但却又顽强峰韧，它荣辱不惊，看着各种军队张扬着不同颜色、图案的旗帜杀进杀出，看着血光战火与盛世的繁华奢迷在城墙内外交替映现；它更像一位智睿的老人，在静默中等待，期待着容光焕发地向你娓娓叙说它经历的一切——荣光与挫折，兴奋与失望，骄傲与遗恨……

幺武湖畔那段 1700M 长的城墙。足用 600 多年前的砖在 600 多年前的遗址上，依照 600 多年前的格局恢复的。一块十几公斤重的城砖，层层摞压在一起。砌成墙、雉堞和宽阔的驰道。驰道象一条手臂从鸡鸣寺的台城一直延伸至钟山脚下。

应天府城垣是用青灰色砖砌成的。三亿多块砖，构成一条 14～20 公尺高的不规则的高台驰道，护卫着天子居住的地方。这蜿蜒的城垣。长几近 34 千米。一圈围下来竟有 60 平方千米之巨。应天府城垣不愧是世界最长最大的城垣。

回首历史城墙。是人类文明的一个象征。也是人类杰出的非物质文化遗产！

### 课堂作业四

1. 各种校对主体的职责是什么？
2. 有几种校对方法？
3. 每一种校对方法的要点是什么？

# 任务五　认识图书印刷

### 走进课堂

你了解图书印刷吗？你知道印刷在图书出版中属于哪个环节吗？

1. 印刷质量受哪些因素影响？

图书印制是图书出版的重要阶段，是通过制版、印刷、印后加工批量复制文字、图像从而获得成品的过程。这个阶段的工作对图书质量、出书周期和印制成本影响很大。此阶段能够充分体现出版单位的声誉和经营管理的质量。把优秀的精神产品贡献给读者，图书的印制承担着重要的责任。

# 一、印刷的定义

印刷是使用印版或其他方式，将原稿上的图文信息复制到承印物上的工艺技术和工艺过程。

印刷的具体操作过程是先将原稿上的图文信息，采用直接或间接的方式转移到适合印刷要求的版材上制成印版，再通过印刷机把油墨附着在印版上，然后施加压力，使印版上的油墨转移到承印物上，最后通过机械或手工进行印后加工制成成品。

随着高科技手段在印刷中的应用，出现了许多无需印版和印刷压力的数字化印刷方式，如激光打印、数字印刷、喷墨印刷等，从而使印刷的定义有了新的含义。如果把以某种载体向社会传播有益受众身心健康和社会发展的信息作为出版活动的话，那么不断地重复多种传播活动就是印刷。从这个意义上说，印制光盘出版物或将信息记录在可以擦写的电子纸上的行为也是印刷。

随着科学技术的发展，信息存储、复制、传递的手段虽然越来越多，但是作为大众化的图书复制与生产手段已经历了漫长的发展阶段，印刷作为最基本的图书复制手段，仍然发挥着作用。

印刷品的生产，一般要经过原稿的选择与分析（或设计）、图书信息处理与出片、印版的制作与打样、印刷、印后加工五个工艺过程。也就是说，首先选择或设计适合印刷的原稿，然后对原稿的图文信息进行处理，制作出供晒版或雕刻印版用的原版（一般叫阳图或阴图底片），再用原版制出供印刷用的印版，最后把印版安装在印刷机上，利用输墨系统将油墨涂敷在印版表面，由压力机械加压，油墨便从印版转移到承印物上。如此复制的大量印张，经印后加工，便成了适应各种使用需要的成品。现在，人们常常把原稿的设计、图文信息处理、制版统称为印前处理，而把印版上的油墨向承印物上转移的过程叫做印刷。一件印刷品的完成需要经过印前处理、印刷、印后加工等过程。


## 二、印刷的要素

### 1. 原　稿

在印刷领域，制版依据的实物或载体上的图文信息叫原稿。原稿是制版印刷的基础，原稿质量的好坏，直接影响印刷成品的质量。因此，在印刷之前，一定要选择和制作适合于制版、印刷的原稿，保证印刷品达到质量标准。

原稿按内容分类，可分为文字原稿、线条原稿和图像原稿。

文字原稿又可分为手写稿、打印稿、复制稿及其电子原稿等。文字原稿要求字形正确，字迹清楚。线条原稿由黑白或彩色线条组成图文，没有色调深浅的变化。这一类的原稿有手书文字、美术字、图表、钢笔画、木刻画、版画、地图及其电子原稿等。

图像原稿分为透射稿、反射稿和数字化图像稿。透射稿是以透明材料为图文信息载体的原稿，在制版时光源从原稿背面射入，用其透射光进行作业，包括反转片、天然色正片、负片等。反射稿是以不透明材料为图文信息载体，制版时通过原稿色彩对光的反射进行作业，如照片、各种画稿等。数字化图像稿是由扫描仪输入、数字照相机或数字摄像机拍摄的以及由光盘直接提供的电子原稿。图像原稿均为连续调原稿。

### 2. 印　版

印版是指用于传递油墨至承印物上的印刷图文载体。一般来讲，根据原稿制成印刷品，首先要制作印版。符合印刷技术要求的印版是保证印刷品质量的重要前提。将原稿上的图文信息制作在印版上，印版上便有图文部分和非图文部分之分。图文部分是着墨的部分，所以又叫印刷部分。非图文部分在印刷过程中不吸附油墨，所以又叫空白部分。

在传统的印刷模式中，根据图文部分与空白部分的相对位置、高度差别或传递油墨的方式，可将印版分为凸版、平版、凹版和孔版等四种类型。

凸版：图文部分明显高于空白部分的印版。

凹版：图文部分明显低于空白部分的印版。

平版：图文部分与空白部分几乎处于同一水平的印版。

孔版：图文部分可让油墨透过并漏印至承印物的印版。

## 3. 承印材料

承印材料是指能接受印刷油墨或吸附色料并呈现图文的各种物质。传统的印刷特别是图书印刷是转印在纸上的，所以承印材料多为纸张。

印刷用纸有新闻纸、胶版纸、胶版印刷涂布纸、胶印书刊纸、凹版纸、画报纸、地图纸、海图纸、拷贝纸、字典纸、书皮纸、白卡纸等。

随着科学技术的发展，印刷承印物种类不断增多，现在不仅是纸张，还包括各种材料，如纤维织物、塑料、木材、金属、玻璃、陶瓷等。

## 4. 印刷油墨

油墨是在印刷过程中用于形成图文信息的物质，它直接决定着印刷品图像的色调、清晰度等。油墨由颜料微粒均匀地分散在连结料中，并有填充料与助剂加入，具有一定的流动性和粘度。

按印刷方式的不同，油墨可分为凸印油墨、平印油墨、凹印油墨、孔印油墨等。

## 5. 印刷机械

印刷机械是用于生产印刷品的机器、设备的总称。它是印刷过程中的核心，其作用是使印版上的油墨转移到承印物表面，印刷机械包括制版设备、印刷机、印后加工机械等。

制版设备的主要功能是将原稿上的图文信息经过中间媒介的转移，最后在印刷版材上获得符合印刷工艺要求的图文区域和非图文区域（即制得印版）。常用的制版设备有计算机直接制版机、激光照排机、显影冲洗机、拷贝机、晒版机、打样机等。

印刷机的主要功能是不断把油墨涂布在印版上的图文区域，然后加压，使印版上的墨层转印到承印物上，从而获得印刷品。印刷机按印版类型的不同分为凸版印刷机、平版印刷机、凹版印刷机、孔版印刷机、特种印刷机等。按印刷幅面大小，印刷机可分为全张印刷机、对开印刷机、四开印刷机、八开印刷机等。按印刷色数，印刷机可分为单色印刷机和多色印刷机。多色印刷机又分为双色印刷机、四色印刷机等。按输纸方式，印刷机可分为单张印刷机（平板印刷机）、卷筒纸印刷机（轮转印刷机）等。

活动3.5
### 参观当地就近的一家印刷厂
**活动目的：** 帮助学习者认识印刷材料和印刷原理。
**活动步骤：** 第一步，寻找当地就近的一家印刷厂。

第二步，有组织的进行参观学习。

第三步，将看到听到的内容记录下来。
**活动建议：** 建议小组完成。

### 思考与练习

书店里的书籍利用不同的纸张和印刷方式呈现出不同的质感，你能区别出哪种纸张成本较高吗？

### 课堂作业五

1. 印刷的定义是什么？
2. 印刷的要素有哪些？

# 任务六  掌握印刷的种类及特点

### 走进课堂

现代印刷有几种方法？它们是什么原理？

### 思考与提示

1. 怎样选择印刷方法？

印刷的种类很多，目前主要是根据印版版面印刷部分和空白部分相对关系的不同而分类的，一般分为凸版印刷、平版印刷、凹版印刷、孔版印刷四种方式。

## 一、凸版印刷

凸版印刷是采用图文部分明显高于空白部分的印版进行印刷。印刷时，在图文部分涂敷油墨，因空白部分明显低于图文部分，所以不能粘附油墨，然后纸张通过机械压力与印版直接接触，凸版上图文部分的油墨被转印到承印物上，从而得到印刷品。凸版印刷一般属直接印刷。凸版印刷还包括压印和烫印，压印主要用于精装书封面上的凹凸及浮雕型图文制作，烫印则用于封面的金、银等各色电化铝及色片的图文制作。

凸版印刷品特点是：墨色浓厚，印纹清晰，油墨的表现力强。

## 二、平版印刷

平版印刷是采用图文部分与空白部分几乎处于同一平面上的印版进行印刷。印刷时，利用油水相斥的原理，首先在版面上附着水，使空白部分吸附水分，再往版面滚上油墨，使图文部分附着油墨，然后通过压印机械使油墨转移到承印物上成为印刷品。

平版印刷属间接印刷方式，即印版上的图文部分附着油墨经橡皮布转印到纸张上的印刷方法，俗称胶印。平版印刷现在广泛应用于印刷图书、期刊、报纸以及画报、宣传画、商标、挂历、地图等。

平版印刷品特点是：制版迅速，装版方便，印刷速度较快，印品的色彩及阶调的还原性较好。

## 三、凹版印刷

凹版印刷是采用图文部分低于空白部分的印版进行印刷。印刷时，印版浸在油墨槽里转动，使整个印版表面都涂有油墨，用刮墨工具刮去空白部分的油墨，保留在印版低凹处的图文部分的油墨，经压印机械加压，就被压印到承印物表面，获得印刷品。

凹版印刷所用的印版为滚筒形，其主体主要有铜版、锌版等。

凹版印制品特点是：凹版印刷的油墨转移量远比凸版印刷和平版印刷多，是几种印刷方式中墨色表现力最强者，而且印版耐印率高，印刷质量好。凹印产品具有墨层厚实、色调丰富、不易仿造等优点，其单色印刷的图像效果层次相当于胶印的深浅两色套印，但制版工艺复杂。凹印制版因受温度、湿度影响大，表现图版的黑白反差较困难，印刷品容易偏灰。凹版印刷的成本较高。

## 四、孔版印刷

孔版印刷是指印版图文部分可透过油墨捕印至承印物的印刷，分为丝网版、誊写版、打字蜡版和镂空版印刷。孔版印刷的印版上，印刷部分是由大小不同的孔洞或大小相同但数量不等的网眼组成。孔洞能透过油墨，空白部分则不能透过油墨。印刷时，油墨透过孔洞或网眼印到纸张或其他承印物上，形成印刷品。

孔版印刷属于直接印刷，油墨转移量比凹版印刷还要大，其产品墨层厚实，有立体感。孔版印刷不仅能在纸张上施印，而且能在木板、织物、皮革、金属、玻璃、陶瓷等物体上施印，应用范围广泛，常用于印刷办公文件、招贴画、商品包装、彩画，以及在不规则的曲面上印刷，也用于少量的地图印刷。但孔版印刷的印刷速度慢。

---

**活动3.6**
**参观当地就近的一家印刷厂**
**活动目的：** 帮助学习者认识印刷种类和方法。
**活动步骤：** 第一步，寻找当地就近的一印刷厂。
　　　　　　第二步，有组织的进行参观学习。
　　　　　　第三步，将看到听到的内容记录下来。
**活动建议：** 建议小组完成。

---

**思考与练习**

通过学习和参观你是否知道普通的教科书是通过何种印刷方式生产的？

**课堂作业六**

1. 印刷的原理是什么？
2. 出版过程中应该如何选择印刷方式？

## 单元内容小结

1. 通过组织书稿的介绍，认识图书组稿的重要性及方法。
2. 通过对图书审稿工作的介绍，掌握如何进行有效审稿。
3. 通过对如何进行稿件加工的介绍，学习如何整理稿件。
4. 通过对书稿校对方法的介绍，掌握几种书稿校对的原则和方法。

# 知 识 测 试 题

## 一、请用正确的校对符号校对以下文字

1. 虚心使人进步、骄傲使人落后。

2. 亚洲地域广阔，跨寒，温，热三带，又因各地地形和距离海洋远近不同、气候复杂多样。

3. 我多么想看看他老人家呀。

4. 据说苏州园林有一百多处他到过的不过十多处。

5. 牛津大学与剑桥大学同为知名的世界学府，人们常常习惯地将它们昵称为"牛津"和"剑桥"。

## 二、判断并改正错误

1. 加工整理和看校样都是在审稿之前进行的。

2. 稿件要具备政治性、思想性、同时还要有科学性和知识性的要求。

3. 三审制度可以增加审次和人数。

4. 复审是通读，全面审查、研究。

5. 外审可以替代三审中任何一个审级。

6. 文稿中可以独立使用的词头有μ，k 和 M。

7. 一般情况下的非物理量应使用阿拉伯数字。比如：21.56 元。

8. 时间、地点的起止用半字线条。

9. 波浪线用于数字之间的变化。

10. 凡是可以使用阿拉伯数字而且又很得体的地方，均应使用阿拉伯数字。

## 三、简答题

1. 审稿的三审制度是指什么？

2. 政治原则性的错误是指什么？

3. 稿件加工整理的原则是什么？

# 单元技能测试记录表

| 鉴定内容 | 图书编辑加工 | 鉴定方法 | 实 作 | 鉴定人签字 | | |
|---|---|---|---|---|---|---|
| 关键技能 | | 操作程序 | | | 鉴定结果 | |
| | | | | | 通过 | 未通过 |
| 1. 如何进行组稿 | | 在所学知识的基础上，学会分析稿件的来源并学会组稿方法 | | | | |
| 2. 对稿件进行加工整理 | | 运用正确的符号和方法对稿件进行加工整理 | | | | |

鉴定者评语：

| 鉴定成绩 | | 鉴定时间 | | 被鉴定人签字 | |
|---|---|---|---|---|---|

# 单元课程评价表

姓名：＿＿＿＿＿＿＿＿＿＿＿＿＿＿                    日期：

当你完成了本单元的学习，我们希望你能对下面的项目提出你的建议。

| 请在相应的栏目内打钩 | 非常同意 | 同意 | 没有意见 | 不同意 | 非常不同意 |
|---|---|---|---|---|---|
| 1. 这一单元使我对什么是组稿有了很好的认识 | | | | | |
| 2. 这一单元帮我了解了如何进行审稿 | | | | | |
| 3. 我学习这单元后对如何进行加工稿件有了基本认识 | | | | | |
| 4. 我现在对尝试学习下一单元更有自信了 | | | | | |
| 5. 我掌握了本单元要求的基本技能 | | | | | |
| 6. 该单元的内容和活动对我很有帮助 | | | | | |
| 7. 教师待人友善、愿意帮忙 | | | | | |
| 8. 该单元的教学让我做好了参加鉴定的准备 | | | | | |
| 9. 该单元的教学方法对我学习起到了帮助作用 | | | | | |
| 10 该单元提供的信息量正好 | | | | | |
| 11. 评估与鉴定公平、适当 | | | | | |

你对将来改善本单元的教学有什么建议？

＿＿＿＿＿＿＿＿＿＿＿＿＿＿＿＿＿＿＿＿＿＿＿＿＿＿＿＿＿＿＿＿＿

＿＿＿＿＿＿＿＿＿＿＿＿＿＿＿＿＿＿＿＿＿＿＿＿＿＿＿＿＿＿＿＿＿

# 能力单元四

# 编辑应掌握的基本排版知识

## 单元概述

### 一、单元能力标准

| 能力要素 | 实作标准 | 知识要求 |
|---|---|---|
| 1. 认识图书的排版软件<br>2. 学会如何对文字和图片排版 | 1. 认识 Page-Maker 和 Indesign 软件<br>2. 知道两种软件的适用环境<br>3. 掌握两种软件的排版要领 | 1. 软件识别<br>2. 排版原则 |

### 二、单元学习目标

学习者能够熟悉图书排版软件，并能对图书文字和图片进行排版设计，达到书籍美观的要求。

### 三、单元内容描述

认识两种排版软件的适用环境；学会如何对文字和图片进行排版。

### 四、学习本单元的先决条件

学习者具备一定的听、说、读、写能力；具有一定的判断思维能力，并善于思考，能按照教师制定的活动程序完成"任务"。

# 五、单元学习资源

# 六、单元学习方法建议

可采用小组讨论法进行教学，也可以采用任务导向式的方法进行学习，尽可能多地带领学生现场实作，课堂上教师讲授的时间原则上控制在教学时间的 1/2 以内，充分利用学生之间的互相学习和任务完成达到机能学习的目标。每一个单元结束后，必须安排鉴定与测试，同时用统一的问卷收集信息反馈，分析教学情况并作出及时的调整。

# 任务一　编辑应掌握哪些排版基础知识

走进课堂

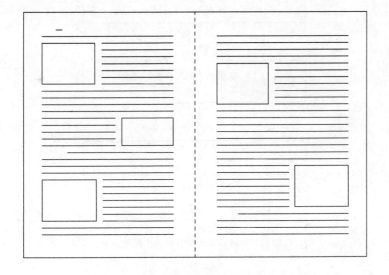

# 一、初识排版软件

常见排版软件及特色：

（1）Page-Maker（Adobe 公司）。图文、广告公司、杂志社常用，对图文编排最方便；用于印刷排版，以及制作电子出版物。

（2）Indesign（Adobe 公司）。符合各类专业印刷出版的要求和标准。并综合了 PageMaker 和 PS 的优势，能够处理如杂志、报纸版面等复杂的设计，可以制作专业品质的精美印刷品。

（3）FIT（北大方正公司的飞腾）。图文、报社排版一般比较常用；用于中文字多、图文混排复杂的版面。

# 二、编辑掌握的排版知识

## （一）编辑参与的排版流程

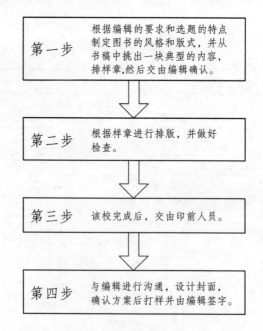

第一步　根据编辑的要求和选题的特点制定图书的风格和版式，并从书稿中挑出一块典型的内容，排样章，然后交由编辑确认。

第二步　根据样章进行排版，并做好检查。

第三步　该校完成后，交由印前人员。

第四步　与编辑进行沟通，设计封面，确认方案后打样并由编辑签字。

## （二）标题排版规则

### 1．标题的字体、字号

（1）标题的字体应与正文的字体有所区别，既美观醒目，又与正文字体协调。标题字和正文字如为同一字体，标题的字号应大于正文。

（2）标题的字体字号要根据书刊开本的大小来选用。一般说来，开本越大，字号也应越大。

（3）应根据一本书中标题分级的多少来选用字号。多级标题的字号，原则上应按部、篇、章、节的级别逐渐缩小。

### 2．标题不宜排得太长

（1）每一行标题不宜排得过长，最多不超过版心的五分之四，排不下时可以转行，下面一行比上面一行应略短些，同时应照顾语气和词汇的结构，不要故意割裂，当因词句不能分割时，也可下行长于上行。

（2）节以下的小标题，一般不采用左右居中占几行的办法，改为插题，采用与正文同一号的黑体字排在段的第一行行头，标题后空一字，标题前空两字。

（3）标题不要排在最后一排。标题禁止背题，即必须避免标题排在页末与正文分排在两面上的情况。各种出版物对背题的要求也有所不同。有的出版要求二级标题下不少于三行正文，三级标题不少于一行正文。没有特殊要求的出版物，二、三级标题下应不少于一行正文。

## （三）正文排版规则

### 1．排版类型

横排和直排：横排的字序是自左而右，行序是自上而下；直排的字序是自上而下，行序是自右而左。

密排和疏排：密排是字与字之间没有空隙的排法，一般书刊正文多采用密排；疏排是字与字之间留有一些空隙的排法，大多用于低年级教科书及通俗读物，排版时应放大行距。

通栏排和分栏排：通栏就是以版心的整个宽度为每一行的长度，这是书籍的通常排版的方法。有些书刊，特别是期刊和开本较大的书籍及工具书，版心宽度较大，为了缩短过长的字行，正文往往分栏排，有的分为两栏（双栏），有的三栏，甚至多栏。

## 2. 排版要求

（1）每段首行必须空两格，特殊的版式作特殊处理。

（2）每行最前面和最后面不能是括号、中括号、破折号等的后面半个。就是每个符号一定要在一排，不能将两个分开，一个在上一排，一个在下一排。

（3）双栏排的版面，如有通栏的图、表或公式时，则应以图、表或公式为界，其上方的左右两栏的文字应排齐，下方的文字再从左栏到右栏接续排。在章、节或每篇文章结束时，左右两栏应平行。如果行数成奇数时，则右栏可比左栏少排一行字。

（4）在转行时，下列各项不能分拆：破折号；数字前后附加的符号（如95%，r30，-35℃，×100，～50）。

## 3. 页码、书眉的版式要求

（1）页码。封面、扉页和版权页等不排页码，也不占页码。篇章页、超版口的整页图或表、整面的图版说明及每章末的空白页也不排页码，但以暗码计算页码。

（2）暗码。篇章页、整面的超版口（未超开本的）的图、表及章末的空白页等都用暗码计算页码。空白页的页码也叫"空码"。

（3）书眉。横排页的书眉一般位于书页上方。单码页上的书眉排节名、双码页排章名或书名。如果插图超过版心占一整页时，则不排书眉。

---

**活动 4.1**

### 认识排版软件

**活动目的**：学会使用排版软件

**活动步骤**：第一步，认识排版软件，了解大体的操作方式。

第二步，任意选一部分书稿进行排版说明的写作。

**活动建议**：独立完成。

---

### 思考与练习

每本书都有自己的尺寸，在排版时我们怎样设计书籍的尺寸大小才能更符合书籍的特点？

1. 怎样导入排版文字？
2. 怎样设置版面页数？

## 任务二　排版注意事项

### 一、排版忌讳问题

#### （一）文字跳动

　　下图的排版中，看完标题后，很容易将目光移到右边一栏开始阅读，但这里并不是这篇文章开始的地方，因此在设计双栏版式时图片不要直接放在标题下面

#### （二）错误断开

错误断开是指两行文字间，一个单词不恰当地被断开了。

## 做把信送到"加西亚"手中的那个人

我由衷敬佩那些老板在与不在都同样努力工作的人，由衷地敬佩那个给加西亚送信的人，他静静地接过信，不问任何毫无意义的问题，也不会暗自盘算将信随手丢入下水道。除了设法将信送达外，他不做任何其他事情。

美西战争时期，在所有与古巴有关的事件中，有一个人给我的印象最为深刻。

战争即将爆发，美国迫切需要与反抗西班牙的古巴武装首领加西亚将军取得联系。然而，加西亚藏匿在古巴山中某

错误断开

## 做把信送到"加西亚"手中的那个人

我由衷敬佩那些老板在与不在都同样努力工作的人，由衷地敬佩那个给加西亚送信的人，他静静地接过信，不问任何毫无意义的问题，也不会暗自盘算将信随手丢入下水道。除了设法将信送达外，他不做任何其他事情。

美西战争时期，在所有与古巴有关的事件中，有一个人给我的印象最为深刻。

战争即将爆发，美国迫切需要与反抗西班牙的古巴武装首领加西亚将军取得联系。然而，加西亚藏匿在古巴山中某

调整后

## （三）"寡妇"与"孤儿"

在排版中，"寡妇"指的是一页的最上方留出了一个收尾的句子。而"孤

儿"指的是最后一行文字里只有一个字。这两种情况都是排版的大敌，绝对要避免。

寡妇

孤儿

## （四）文字中太多留白

当文字放在窄窄的一栏中时，你经常会碰到字与字间隔太大的情况，这种情况会使本来因为一致而产生的美感荡然无存。最快解决的办法是缩小图片或收放字距。一般情况下，文字间隔不要太大会更好看一些。

文中太多留白

调整后效果

## （五）避免形成"河流"

这里的"河流"是指在文字中段落间的间隙，从左到右横穿整个文字版面。因为如果整个版面存在这样的"河流"后，阅读的人习惯于将这些空间看作是不同的部分，这会使整个版面在结构上显得混乱和支离破碎，也不好看。

# 二、排版注意事项

## （一）纯文字排版注意事项

在导入文字时，首先把文字从 word 文档复制到记事本文档，再导入 PageMaker 文件里。这样做是为了避免出现太多乱码，导致文件出错。

出现乱码，可将有乱码的段落文字删除，从记事本里重新复制粘贴。如有乱码出现无法跳页或文件自动关闭等情况，可将有乱码的页码删除，然后在记事本中找到删除的文字，重新复制粘贴即可。

一个 PageMaker 文件一般排 30 页到 35 页，页码不宜过多。

## （二）插图排版注意事项

插图排版的关键是在版面位置上合理安排插图，插图排版既要使版面美观，又要便于阅读。

### 1. 图的位置

通常正文中的插图应排在与其有关的文字附近，并按照先看文字后见图的原则处理（如果是以图为主的图书则按照先图后文的原则），文图应紧紧相连。如有不能图文相连，可将图片前后移动，但只限于在本节内移动，不能超越节题。

### 2. 图与图之间的关系

图与图之间要适当排三行以上的文字，以做间隔，插图上下避免空行。

### 3. 版面开头的图

版面开头宜先排三至五行文字后再排图。若两图比较接近可以并排，不必硬性错开而造成版面零乱。

### 4. 排插图的一般规则

当插图宽度小于 2/3 时，一般的排版原则是插图应靠边排。如果在一面上只有一个图，图名应放在切口的一边；如果有两个图，图名应对角交叉排，上图排在切口，下图排在订口，上下两图之间必须排有两行以上的文字。

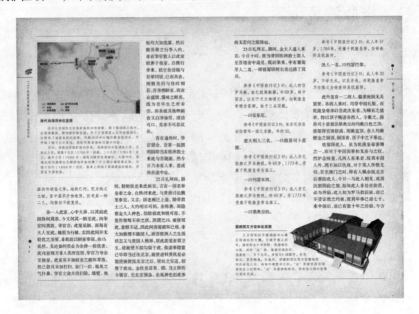

## 5. 三张图的排版

如果有三张图，则应作三角交叉排，即将第一图及第三图排在切口，第二图排在订口；也可将一、二图并列排通栏，第三图排在切口。

三图排法之一

人园之后，每抵一处必换一番景色，与吾一路所见之中国乡村风物大不相同。盖吾抵西布东方独主尊严之宫，始为吾窥见一二也。园中花木池沼以至亭台楼榭，多至不可胜数，而点缀之得宜，构造之巧妙，观者几疑为神工鬼斧，非人力所能及，苟以此举不仅为游戏计，尚当商量安置各种礼物之法，故仅就行之之处略一寓目，未能曲其意，以全园计之，恐吾所见尚不及其什一。然即此亦不及什一者而言，已能令当时景象水彻吾脑而不忘，而吾笔记中欲详言其状，亦觉景物万千，不知从何处说起，转不如不言之为愈也。

已而至宝殿，殿长150英尺，圆60英尺，仅有一面开窗，与窗相对之一面，即为御座所在。御座为一铢之大柱，上刻精美之花纹，其木料则产自英国，华人以为稀有之品，故用以制为御座。御座之下有一台，高数尺，两边有木制之短阶，以便上下；御座之上，有一广顶，署"正大光明殿"五大字，

此五字原文爲 Ching-Tha-Quen-Ming-Foo，蓋英文为 Verus, Magnus, Glorious, Splendidus, Felix 五字，直译之，当以"正大光明殿"五字为近似，然于"正大光明"四字之下加一"殿"字，则与译者此处之所用末相吻合。

其两旁则各有一孔雀毛制成之扇，面积颇大作圆形，颜色鲜艳可爱，全殿地皮均用大理石铺之，有白灰色、白色两种，纵横相间，梁之加里盘形，石上人行之处，复辅以洁净之席，殿之一角有一八音时辰钟，钟以奏乐之键，能奏乐者十二曲，50 Black, Joke, Lillibulero, 以及《乞丐》一剧中之歌曲等类，均为英

国旧时流行之乐曲。种种饰物均为旧式，有透明及五色之宝石多枚，然非珍奇，余不得不以其为古董贵重之。钟面有英文数字，曰：伦敦理致赫尔弟乔治拉克钟表店造，其制造年代及运入中国之时日，则已不——

正大光明殿

正大光明殿是圆明园中的一殿，殿上悬书雍正手书"正大光明"的匾额，是集帝寝居内举行仪式之所。这座殿始建于1725年（雍正三年），同样是木质结构殿堂的代表之作，1860年10月英法联军焚毁圆明园时，此殿是首举头炬的目标建筑，整座辉煌建筑顷刻化为灰烬。

上图为西方铜版家笔下的正大光明殿，当时为法国使臣王致诚、郎世宁、阿罗塞特等画师精绘雍正帝"大清御园图说全册"中的圆明园四十景图之一，这是西方铜版画最早的圆明园记录资料之一。1744年（乾隆九年）督画。

---

**三图排法之二**

来、言，乾隆欲亲特派之园老渾（译音）大人，视余已到北京，后此关于贵使一切事物，可由兄弟等向淳大大商量，不必惧贪金人之才。余闻言大悦，因命译信一人与吾书记麦克威尔与樊大人同赴北京，料理诸如络会，以便此间

事毕之后，立即迁移。

游园明园

彼等既去，周大人即导我游圆明园，此园为皇帝游息之所，园长18英里。

---

平时于言语机械一门，铜习有素犹信。尤有一事，吾兼不得不记，即吾偿执此之后，掌官于衣衫以致加于银礼，而实则一言一动，皆不免学官之监察，不惟监察已也，学官之前掌司以及一切礼礼节，掌官多多以酰妒之服而示之。

谈中国历史，知中国人最惧外人，今身处其地，目无其边礼节。表面上则参事以物深色地之，觉西次之日，得获觉美之窜，盟愿诸多激剧，大上特特日，英国使臣迫真之貌，吾身虽言无耻窜之不同，窜扮特之当之时则，方可援议此事。

17日礼毕矣，既定通矣，中国人不作为国题，将各种礼物归于，收篮齐整，径用车辆输往圆明园。圆明园距北京7英里，此间距北京12英里，合计19英里，尚不于京都底间，刚此19英里之遥窜，仅费一日之劳力耳。

吾船既达之时，埠头已健有货钱江二所，专为验收李礼物之用，每所各长207英尺，窜13英尺；自地至窜楼头，高13英尺，自楼头至窗体窜加之，材料则为坚住，上覆席布，以御雨水、两统之用，进一广闾，阔42英尺，进之四端，各设一门，柱之礼扎，严整鹏之者墨人，以助大榭，每进各设一栈及广闾，乃于数点种之内，置造工匠数百名赶诚之，吾船抵达之后，来及一日之久，此营工匠已尽将贮输之物，

野心，则无不得不声制于先。乃曰：此事真传快无己论，即以地理言，孟加拉之与西藏相去绝远，西藏有事，吾英军不惟不能少助，即就能率寝戍论之，其人始无正面去，次日，其人又同谓，贵国孟加抋军队，倘能遥行蹂躏西藏邻地之道，由此事致使徵明其道，我国上下，万无不信贵使之言之理，倘不知孟加抋军，李奉路盘于宣水平地军乎？全以此人闻而怒极，即生云云：夷！以地理西论，吾军殊不能胜军，即有驻宿军之心，李将长直至，亦无备此令于于无意中，吾英军用给官军，然后将余春拄地理以与马牛等相为之说，根皆推

骑马的蛮怪 威迪·亚历山大

正面观、躯、铜子，四大洲诸邦骑军顶队之物，英大举欲贺中外之马上，有使人赞常其壮观者也，数者之中有一像铁画，尤对此幅风景尤其奇，其中幅主风雕而画生像，中原气质稳重，骑马不拘的英姿，骑手的气质颇自若，好置于中幅风景画之前，表现出英国宫廷与中国军队对待

看船自天津至此，一路供检之物，如面、肴、蔬、果之属，其数皆甚可观，何板定入参船数船者，而两岸相距之近，往有具从锚系，每见吾锚过时，各从风驰自落无中整列而出，就甲头行而列，倒渠点灯笼，为数可达万许，照煊风同白昼，日其他之，为远其无忧矣，船中偶有所衣，但一发物，掌无无止于横唢胡中圣，且有数物，余以乘美公司，相自出所，掌官吾不肯卖官钱、器受赐必竟上峻之意。

参考《出使中国记》曾国人以东方皇帝一人天尽享，其国道有视吾天无，用以其本之礼相扶之，人老老来本足，河水不达所置其所，一切端重馈待诸物，数等音音至五前之皇下与下通之，余臣不下通之者。

平心而论，中国人以种种礼待吾，而与吾待见之各官员，又复颇形疏离，富贵异隆，倘幸不能望我所讯见众，然于敬礼之中，不免寓有傲色，减虑乎隐而不露，此则吾不得不引为缺憾者也，例如吾船过扰，每见风景幽幽之地，或乡村风物，吾衷感之以一社会领状者，停上平一风其宅意，而绕乎掌官所翻，顾掌官阻我之时，随随时不地发为妙之论，令吾明知现觉我之行，而不复有所恐惧，或且反可引起自娱，此盖由于各学官

---

**三图排法之三**

一移置货栈之中，中有数物，分量颇重，形体复杂庞大，而每于搬运之际，辄用力与其活泼之精神，合力异之，自输至栈，查往不住，而我其神速又殊幸欣赏，初不若有人驱之迫之，此为中国政体

勒墩骑骆 威迪·亚历山大

"勒墩"一词就是中国的北方俗称坐骑，就是马匹，图题上的"勒墩"，应该就是"坐墩"，图幅描绘的似乎就是"坐墩"，这也就是画面上那位骑者所骑行的马匹。整幅画作表现出坐骑马匹的马上英姿与宫廷坐骑的气派，画中人物的姿态颇为传神。

马拉轿车

---

111

## 6. 分栏排法

分栏排版插图在版心中置放的一般原则是小插图应排在栏内，大插图则可以破栏排。

## 7. 出血图的排法

排出血图时，应当了解该书的成品尺寸，一般以超过切口 3 毫米为宜。排超版口图时，为保证图面的完整，图的边沿距离切口应不小于 5 毫米。超版口图如果占去书眉和页码的位置时，该版可不排书眉和页码。

## 8．大插图的排法

当插图幅面较大，而采用超版口图又不能解决时，还可采用以下方法：

（1）卧排法：将图按逆时针方向旋转 90° 排于版心。

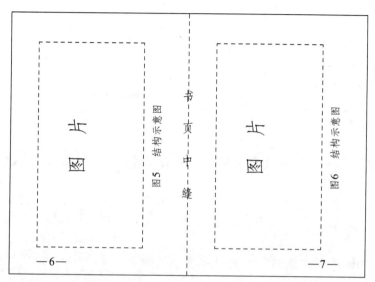

（2）跨版法：将图分两部分，跨排在两版上，但应对齐。

（3）图注转版法：如果图本身能排在一个版面内，而无图注位置时，可

将注文排在下一面上。

**活动4.2**

**活动目的：** 帮助学习者学习如何对稿件进行排版。

**活动步骤：** 第一步，自选500字左右的文字其中包括有图片，要求对文字和图片
进行排版。

第二步，根据排版要求对材料进行排版。

**活动建议：** 建议独立完成。

### 思考与练习

书籍的插图排版和文字排版具有同样重要的地位，插图排版有哪些注
意事项？

### 课堂作业

1. 怎样避免"寡妇"版式的出现？
2. 什么是"卧排"？

## 单元内容小结

1. 通过对排版软件的介绍，认识排版时的注意事项。
2. 通过对图书排版方法的介绍，掌握如何进行图文排版。

# 知识测试题

1. 画出图书排版的基本流程。

_____

2. 排版忌讳的问题有哪些？

_____

3. 纯文字排版注意事项有哪些？

_____

4. 排版中的"寡妇"与"孤儿"是什么意思？

_____

5. 判断正误并说明理由。
（1）封面、扉页和版权页等要排页码，也占页码。

_____

（2）横排页的书眉一般位于书页上方。

_____

（3）错误断开是指两行文字间，一个单词不恰当地被断开了。

_____

（4）"孤儿"指的是一页的最上方留出了一个收尾的句子。

_____

（5）图与图之间要适当排两行以上的文字，以做间隔，插图上下避免空行。

_____

（6）分栏排版插图在版心中置放的一般原则是小插图应排在栏内，大插图则可以破栏排。

_____

# 单元技能测试记录表

| 鉴定内容 | 图书文字图片排版 | 鉴定方法 | 实 作 | 鉴定人签字 | | |
|---|---|---|---|---|---|---|
| 关键技能 | | 操作程序 | | 鉴定结果 | | |
| | | | | 通过 | 未通过 | |
| 1. 掌握如何进行图文排版 | | 在所学知识的基础上,学会如何处理图书中的图文 | | | | |

鉴定者评语:

| 鉴定成绩 | | 鉴定时间 | | 被鉴定人签字 | |
|---|---|---|---|---|---|

# 单元课程评价表

姓名：＿＿＿＿＿＿＿＿＿＿＿＿＿＿　　　　　　　　　日期：

当你完成了本单元的学习，我们希望你能对下面的项目提出你的建议。

| 请在相应的栏目内打钩 | 非常同意 | 同意 | 没有意见 | 不同意 | 非常不同意 |
|---|---|---|---|---|---|
| 1. 这一单元使我对图书排版软件有了很好的认识 | | | | | |
| 2. 这一单元帮我了解了排版原则和方法 | | | | | |
| 3. 我学习这单元后对排版有了基本认识 | | | | | |
| 4. 我现在对尝试学习下一单元更有自信了 | | | | | |
| 5. 我掌握了本单元要求的基本技能 | | | | | |
| 6. 该单元的内容和活动对我很有帮助 | | | | | |
| 7. 教师待人友善、愿意帮忙 | | | | | |
| 8. 该单元的教学让我做好了参加鉴定的准备 | | | | | |
| 9. 该单元的教学方法对我学习起到了帮助作用 | | | | | |
| 10 该单元提供的信息量正好 | | | | | |
| 11. 评估与鉴定公平、适当 | | | | | |

你对将来改善本单元的教学有什么建议？

＿＿＿＿＿＿＿＿＿＿＿＿＿＿＿＿＿＿＿＿＿＿＿＿＿＿＿＿＿＿＿＿

＿＿＿＿＿＿＿＿＿＿＿＿＿＿＿＿＿＿＿＿＿＿＿＿＿＿＿＿＿＿＿＿

# 能力单元五

# 图书营销

## 单元概述

## 一、单元能力标准

| 能力要素 | 实作标准 | 知识要求 |
|---|---|---|
| 认识图书读者需求<br>学会几种营销策略 | 1. 了解图书读者细分<br>2. 知道读者需求<br>3. 了解图书市场的多变性<br>4. 学会营销策略 | 1. 读者细分<br>2. 市场细分<br>3. 营销策略 |

## 二、单元学习目标

学习者能够熟悉图书市场读者和图书市场环境，并能运用所学知识分析目标市场特点和运用图书营销策略。

## 三、单元内容描述

认识图书市场读者需要；掌握图书市场的多变性；学会运用市场策略分析目标市场特征以及各种图书营销策略的运用。

## 四、学习本单元的先决条件

学习者具备一定的听、说、读、写能力；具有一定的判断思维能力，并

善于思考，能按照教师制定的活动程序完成"任务"。

## 五、单元学习资源

| 学习参考资料 |
| --- |
| 中国图书资讯网：http://www.chinabook.ogr<br>中国出版社业网：http://print.qx100.com.cn<br>中国图书商报：http://www.cbbr.com.cn |

## 六、单元学习方法建议

可采用小组讨论法进行教学，也可以采用任务导向式的方法进行学习，尽可能多地带领学生现场实作，课堂上教师讲授的时间原则上控制在教学时间的 1/2 以内，充分利用学生之间的互相学习和任务完成达到机能学习的目标。每一个单元结束后，必须安排鉴定与测试，同时用统一的问卷收集信息反馈，分析教学情况并作出及时的调整。

## 任务一　认识图书读者特点

### 走进课堂

什么是图书市场要素？是读者还是发行商？是资金储备还是出版商？

### 思考与提示

图书的市场要素包括什么？

## 一、读者和读者结构

读者就是阅读图书的人，是图书商品的服务对象。凡有一定阅读需要和阅读能力的人，都可以成为图书商品的读者。满足阅读需要，有两种方式。一种是无偿的，通过借阅满足阅读需要；一种是有偿的，通过购买满足阅读需要。对图书来说，只要阅读，就是读者。对图书商品来说，必须是通过购买满足阅读需要的人，才被认为是读者。因此，读者就是图书商品的消费者、购买者，也就是出版社和书店的顾客。

读者的结构很复杂。按性别分，有男性和女性；按年龄分，有儿童、少年、青年、中年、壮年和老年；按文化程度分，有文盲、半文盲、小学、初中、高中、大学和专家学者；按职业分，有工人、农民、教员、医生、科研人员、企事业工作人员、公务员等；按身份分，有学生、干部、军人、离退休人员、个体户、私营企业主等；按城乡分，有城镇居民、乡村居民；按行政区域分，有各省、区、直辖市居民，港澳特别行政区居民，在国外居住的华侨；按国籍分，除中国人外，有外籍华人、能阅读中文的外国人等；按民族分，有汉族和少数民族；按经济情况分，有贫困、温饱、小康、富裕等。不同性别、不同年龄、不同职业、不同身份、不同地区的读者，可以称为读者的类型。不同文化程度、不同经济情况、不同消费水平、不同欣赏水平的读者，可以称为读者层次。

## 二、读者需要

各种不同的读者，其需要、爱好和兴趣是各不相同的，是多种多样的，不仅在内容上不同，而且在装帧、价格、文字深浅、插图多少等方面也有所不同。读者需要可以分为求知、实用、审美、研究、消遣等不同类型，大体与图书的宣传思想、传播知识、审美愉悦、陶冶性情等功能相匹配。读者需要可以按读者的类型和层次进行研究，了解分析其共性，但不能一概而论，每个读者都有不同的个性，其需要是因人而异的。

由于性别不同，读者的需要自然不同。女性比起男性来，家务劳动负担繁重，在社会分工方面，大多从事教育、医务、办公室工作等轻体力劳动。比起男性，女性感情更加细腻，对于心理学、美学等图书似乎更加关注。这些特点，都影响着女性读者的阅读需要。

由于年龄不同，阅读需要也有显著的区别。少年儿童是一个广阔的读者群体，其理解能力、阅读能力较低，有无趣味是他们注意的焦点，好奇心的支配作用比较明显。因此，图文并茂、通俗浅显的童话、动画、故事书是他们的主要阅读对象。描写英雄人物、具有科幻色彩的图书对他们更有吸引力。青年是人生观开始形成的时期，其求知欲望特别旺盛。他们为了探索人生意义，明确生活态度，非常渴望从出版物中汲取养料。随着他们阅读范围的不断扩大，对社会和人生理解的不断深入，他们的阅读兴趣，除文艺作品外，开始逐步扩展到深奥的理论著作，如哲学、经济学、社会学、美学、艺术等各方面。他们也有许多急需解决的实际问题，如恋爱婚姻问题、就业问题等，需要通过阅读获取有关知识。青年有好奇、好胜、感情易于冲动的特点，又有追求时髦，易于接受新事物，喜欢浏览反映新思想、新观点、有争议的图片。他们偏爱心理强，逆反心理强。在参加工作以后，按工作的不同性质，需要阅读各种专业图书。中年人与青年一样，也是图书市场上极为重要的读者群。他们在年龄上属于劳动时期，是劳动大军中的主力。为了完成工作任务，为了进修提高工作能力，为了获取新的信息，都有一定的阅读要求。他们的阅读，一般都与自己从事的工作密切相关。但他们也要求丰富的业余文化生活，普遍喜爱以小说为主的文艺作品，也喜爱有休闲性质的读物。老年人随着年龄的增加，大脑和肌体逐渐出现老化现象。由于离休退休，有脱离社会的失落感，以至产生无用感、孤独感、恐惧感，工作上和事业上的追求已不太强烈，养生成为生活的主要内容，闲暇时间增多。为了丰富文化精神生活，常以阅读为消遣。古典小说、通俗文学、养花种草、绘画、书法、棋艺等读物都是他们热衷的对象，养生保健类的图书也受到他们的欢迎。政治水平、文化水平较高的人，有关心社会进步的意愿，对总结历史问题的图书，解释社会上出现的新事物新问题的图书，也有阅读和研究的兴趣。老年读者既有阅读需求，又有购买能力，是图书经营者更应关注的群体。

在各种读者中，还有一种集体读者，或称单位读者，即有一定经费、一定购买计划的图书馆、资料室等。它们需要的图书，范围明确，需求规律容易掌握。它们的经费充足与否，对图书出版事业的繁荣发达至关重要。个人买不起的大部头书，专深的学术著作，主要靠它们购藏，通过借阅满足读者需要。

## 三、读者购买

购买来源于需要，但需要不等于购买，其中有种种因素的限制，主要是购买力和供应条件的限制。

少年儿童由于经济上不能自立，无权主动购买，购书费用全靠家长支付，因此，购买需求也由家长决定。现在大多数家庭都是独生子女，父母普遍重视少年儿童的教育，以致少儿读物成为图书市场中较为热销的品种。青年读者，特别是已经就业的，有了经济收入，开始具有独立的购买能力，因此购买的热情比较高，成为图书市场上购买的主力。中年和老年读者，尤其是其中收入较多而负担较轻的部分人，真正合于需要的书都会购买。但他们买书有较强的选择性，不轻易受广告的影响。

读者购买图书的行为，大体要经过一段复杂的心理活动过程。首先有需要的感觉，进而产生购买动机，然后寻找图书信息，进行比较选择，最终决定购买、实现购买。一般来说，需要必须强烈到一定程度，才会产生动机。寻找信息和比较选择，是日常生活中经常发生的事。看广告、逛书店，就是寻找信息。不过寻找信息和比较选择不一定发生在产生动机之后，也可能发生在产生动机之前。需要本身，也有两种。一种是笼统的需要，一种是明确的需要。从笼统的需要转化为明确的需要，必须经过寻找信息和比较选择的过程。假如有人推荐介绍新书，那么读者一开始就有了明确的需要，就不必寻找信息和比较选择了。

为读者找好书，为好书找读者，是发行工作者的责任和义务。为了做好这项工作，必须了解书，了解读者。了解书，不仅要了解图书的内容、质量、价格等，还要了解我们所出版的书是为谁出版的，是给什么人读的，这些人在哪里，怎样使他们能买到他们所需要的书，必须把了解书和了解读者密切结合起来。树立明确的读者意识，是图书销售的重要课题。出版发行工作者，要针对上述读者心理进行种种努力，对读者购买图书过程中的每一步施加影响，促使读者决定购买，并帮助读者实现购买。

---

**活动 5.1**

### 认识图书市场要素

**活动目的**：了解图书市场的构成要素。

**活动步骤**：第一步，认真阅读材料中涉及的图书读者特点。

第二步，分析读者需要和图书市场构成要素关系。

第三步，熟悉并记忆图书市场要素特点。

**活动建议**：独立完成。

---

**思 考 与 练 习**

一本图书的出版面市常常伴随着诸多复杂的因素，有时候要满足专业读者群的要求，有时候要满足大众读者的口味，除此之外还要注重它的社会效应和经济效应。

## 【问题】

图书市场需求特征包括什么？

### 课堂作业

图书读者市场有什么特征？

# 任务二　了解图书经营难点

### 走进课堂

在每一种商品投入市场前都要进行详细的市场细分，图书也不例外。

### 思考与提示

图书商品市场细分的作用是什么？

## 一、难以应付的众多品种

在出版界，把书名不同、内容不同、版本不同的图书分别称为一种图书（准确地说，应是一个书目单位或一个购买单位为一种，例如书名相同的一套书，如只许整套购买，在统计上这一套书是一种书，如允许拆散购买，一套书中的每册都标有定价，则在统计上这一套书中的每一册都算一种书）。一种就是一个新品种，而且相互替代性不大。我国 1982 年图书出版种数为 31 784 种，新出种数为 23 445 种，而 2011 年这两个数字分别为 370 000 种与 207 506 种，三十年内分别增加了约 10 倍。近年来，我国图书品种迅速攀升，平均年出图书近 20 万种，创历史新高。图书品种增多，反映了科学文化的繁荣和发展。纸张和印刷产量的提高，技术不断更新，也是图书新品种增多的原因，这些属于物质条件，是第二位的原因。图书品种限制放宽，给出版社出书提供了广阔的选择空间，给读者提供了更多的选择余地，但同时也给图书发行者带来极大的困难。任何图书卖场都不能说它的备货品种齐全，任何图书营销人员都无法完全了解不断涌入的新书。

## 二、难以判断的内容价值

图书商品一般都在封面、封底等显著位置印明书名、作者名、出版社名，但仅凭这几项，很难了解其内容和价值。有些书印有内容提要，可以帮助读者了解图书内容。有些书必须阅读它的前言、后记和目录，才能了解其大概。有些书必须读一部分正文才能了解其内容。有些书即使读完全书，其价值如何仍不能轻易确定。不仅了解难、判断不易，而且其价值的稳定性也不高。固然有些书的价值是有定论而且经久不变的，但大部分书，其价值都是随着时间的推移和情况的变化不断变化的。政治性时事性强的书，因政治形势不同而变化；某些学术著作，由于科学技术不断更新而被淘汰。一般物质产品，在大量生产前，都有试产试销过程，定型后才批量生产。图书按其性质，最需要试产试销，但却没有试产试销过程。原因是绝大多数书的销量不大，如实行试产试销成本太高。这一特点，对出版和发行极为不利。有些书的初版可视为试产试销。

## 三、难以把控的读者需求和购买目的的多样性

读者人数众多，分布分散，每次购买的量较少，而购买频率高。这就要求书店要尊重和关心每一个读者，要把每一个走进书店来的人诱导为现实的读者。在有些书店，店员只对购买图书的读者笑脸相迎，而对只翻阅未购买图书的读者不冷不热。有些店员把防窃挂在了脸上，紧紧盯着读者。这些工作态度和作风，严重影响了读者的购书热情，特别是不利于潜在读者向现实读者的转变。图书销售人员要认真研究读者的不同需要，实现灵活的售书方式和服务方式，因为读者对图书的需要是各种各样的且购买目的也是多种多样的。读者此时会对此事感兴趣，彼时可能会对彼事感兴趣，再加上读者人数众多，成分复杂，图书营销要认真研究读者市场需求变化，尽可能从复杂多变的读者需求中发现共性，及时反映读者市场需求的变化，减少经营的盲目性。

活动 5.2

**图书市场的经营难点**

**活动目的：** 掌握图书市场的经营难点。

**活动步骤：** 第一步，认真阅读材料中涉及的图书市场经营难点。

第二步，分析造成这些经营难点的原因。

第三步，提出解决方案。

**活动建议：** 独立完成

### 思考与练习

一本书经营好坏受多种因素的影响，有时候是编辑分析市场不够到位，有时候是一本图书的营销力度不够，还有可能是受读者购买力的影响。

### 【问题】

影响图书细分市场吸引力的因素是什么？

# 任务三　掌握图书营销策略

### 走进课堂

出版物商品仍然会存在竞争，是质量取胜还是价格优先？

### 思考与提示

出版物商品竞争主要包括哪些内容？

## 一、图书市场定位策略

图书市场定位，即出版发行企业（下称书业）根据图书流通及书业自身的资源和技术条件，确定书业在目标图书市场上的竞争地位问题。现代市场营销强调市场细分化、市场目标化和市场定位化的有机统一，图书市场定位是以市场细分化和市场目标化为前提的。实施有效的图书市场定位，书业不仅要对自身的资源与技术有客观的估价，而且要对目标图书市场的竞争状况有充分的了解。通过细致的市场调研，弄清即将进入的目标图书市场上有哪些竞争对手，不同竞争对手所采取的竞争手段及其竞争实力与所处的流通地位。在此基础上，力求以创新的竞争思路与独特的竞争手段，在目标读者群体中形成辐射力，扩大在目标图书市场上的营销影响。

图书流通环境和书业的资源与技术条件是不断变化的，图书市场的竞争态势在不同时期有不同的表现形式，出版发行企业所采取的市场定位方式也要在动态中调整，在动态中优化。一般说来，有以下四种定位模式可供选择。

## （一）优势定位

优势定位即经过决策层充分研究论证后，集中书业的资源和技术优势，以"志在必得"的营销组合，"强行打入"某一目标图书市场。实施这种定位策略，初期需投入大量人力、财力与物力，尤其要精心谋划书业的营销口号、营销手段、目标读者群体的适应程度及竞争对手可能采取的"反弹"措施等。在初步形成定位优势后，则应迅速部署书业对该目标市场的进一步扩大和巩固工作。

## （二）避强定位

避强定位即书业在择定目标图书市场时，有意避开竞争实力较强的对手，选择在有利于书业现实资源和技术条件，能充分利用的目标读者群体中加大投入。实施这种定位策略，书业的决策层须综合多种主客观因素进行分析，包括哪些是竞争对手尚未考虑占领和开发的市场"空缺"，哪些是竞争对手尚未运用过的营销手段，哪些是竞争对手虽已进入但尚未形成营销优势的"弱部"，等等。

## （三）复合定位

复合定位即书业在选择多个目标图书市场时，一方面，集中主要的资源和技术优势，打入主要的目标图书市场，并力求形成竞争优势；另一方面，集中一部分资源和技术力量，开发其他目标图书市场。一般地讲，出版发行企业择定两个或两个以上的目标图书市场，即存在复合定位问题。对两个目标图书市场的占领或开发，又称双向定位；对两个以上目标图书市场的占领或开发，又称多向定位。

### （四）重新定位

重新定位即二次定位或转换定位，通常是指书业借助对营销过程的跟踪观察和对营销效益的综合评估，所采取的一种灵活机动的定位策略。具体又有以下几种情况：① 图书流通环境出现重大变化；② 初次定位选择论证偏差；③ 目标图书市场竞争对手增多；④ 目标读者群体需求总量减少。重新定位有的是书业为寻求新的图书市场机会所作出的选择，有的则是书业面对过于强大的竞争对手而对本书业所进行的动态调整。

## 二、图书市场发展策略

图书市场竞争势态、读者阅读需求变化、书业资源与技术条件这三个主要因素，是出版发行企业研究、制定图书市场发展策略的主要参数。目的在于如何以新的竞争手段和营销组合，去满足目标读者群体的阅读消费需求，争取更多、更大的市场份额，促进书业的发展。

### （一）扩张性策略

扩张性策略通常指书业以现有流通环境为基础，在维持原有市场占有率的前提下，寻求目标图书市场进一步扩张的发展策略。具体又分为两种类型。一是市场渗透策略，即在保持原有目标图书市场占有率的基础上，以新的营销手段扩大目标读者群体。譬如，当目标图书市场上读者的阅读需求趋于相对饱和时，吸引非目标市场的读者投向转移；当本地目标读者群体的阅读需求相对饱和时，主动向外地目标图书市场渗透。二是市场开发策略，即以读者潜在阅读需求为基点，争取新的阅读消费群体和开拓新市场。就出版生产部门而言，主要是新产品的开发，包括开发适应读者潜在需求的新产品和原有产品进入销售期后进行精加工，开发出新产品；就图书发行企业而言，主要是市场空间和读者群体的开发，包括服务方式的改进与营销手段的创新等。

### （二）多元化策略

多元化策略是市场经济环境中书业求生存和发展的必然选择。在图书流通领域，书业的多元化经营实际是指多个目标图书市场选择与多种发展策略的有机组合，是书业参与图书市场竞争、扩大目标图书市场的自觉行为。具体包括两方面。一是纵向多元化，即书业在营销实践中运用一体化策略，推进目标图书市场向纵深发展。通常是以图书产品或商品的推陈出新为导向，以多种形式的营销服务为手段，以扩大目标图书市场的销售总量为取向。其目的在于形成优势，扩大规模，增加盈利。二是横向多元化，即书业在营销实践中同时着眼于多个目标图书市场的平行开拓。其中，有的是集中书业的资源与技术优势，同时向多个目标图书市场扩张；有的是以一个目标图书市场为基点，带动其他目标市场的开发。三是复合多元化，即书业在营销实践中实行交叉、合成式的综合开发，既有深度掘进，又有平行开拓。实施这一发展策略，需要有严密的调研论证，力求把竞争风险减少到最低程度。

## 三、图书市场竞争策略

### （一）创新取胜

创新取胜即书业以产品、商品或营销服务的不断创新来巩固目标市场，开发潜在市场。目前在图书市场竞争中，书业营销口号的创新异彩纷呈。例如，浙江出版集团在全国新华书店订货会上打出了"店社携手，再现辉煌"的横幅；辽宁出版集团在全国社科书市上竖起了"新市场、老市场，都是辽宁大市场"的条幅；江苏出版集团在第七届全国书市上亮出了"好书你有我有，江苏创新争优；市场你来我往，江苏联袂登场"的营销口号，等等。

### （二）质量取胜

质量取胜即书业以质量优势提高竞争能力，抢占图书市场的制高点。具体又涉及图书的编辑、印刷、发行等不同范围的质量指标。在现阶段，不少出版生产单位都十分重视书刊印刷质量的提高，力求以高雅、精致、新颖来赢得读者的青睐。图书版权页上所印的"××版图书如有质量问题，可向承印厂调换"的附言，已成为出版生产单位对读者的一种质量承诺。

### （三）速度取胜

速度取胜即书业以整体系统的快速行动，巩固其有利的竞争地位。其"快"，又具体体现在多种营销组合要素上，包括产品或商品的结构调整快，生产或营销方式转轨变型快，新产品或新型服务投入快，仓储发运流程及分销或推销速度快等。此外，缩短出版和运输周期，也是快速取胜的一个重要方面。

### （四）信誉取胜

信誉取胜即书业以良好的服务信誉，巩固目标图书市场。就图书购销关系而言，涉及交货地点与期限、交货品种与数量、交货折扣等信誉保证；就图书商品交换而言，涉及读者预订购书、邮购图书寄发、残缺图书退换等方面的信誉承诺。在我国，中小学课本的"课前到书，人手一册"，不仅是出版发行企业的一项政治任务，也是书业对读者的一种信誉承诺。

### （五）价格取胜

价格取胜即书业以适应读者阅读消费水平的图书价格参与竞争。在图书市场上，质高品优与价廉物美是具有内在联系的，而唯有价廉物美才能有薄利多销的市场效果。日本出版界多年来一直推行"目标成本"做法，我国的一些出版企业逐渐推行"最小利润率"原则。两者都是将某一图书产品的成本固定在一个相对偏低的系数上，其整体投入必须服从于这个最小系数，这无疑有利于书业竞争优势的形成。

### （六）联合取胜

联合取胜即书业打破区域、部门和所有制等方面的界限。按市场、资金、技术、设备等不同情况，走规模经营、联合开发的道路。实施联合取胜策略，不仅有利于一定区域内目标图书市场的整体开发，还有利于形成联合优势，对其他区域的图书市场实施不同形式的渗透和开发。在我国，组建各种形式的出版发行集团，以及不同出版发行企业之间紧密或松散形态的横向联合，已成为图书市场竞争的重要手段。

# 四、图书产品生命周期的营销策略

图书产品如同世界上其他事物一样，也有自身的生命运动规律，需要经历出生、成长、成熟直至衰亡的过程。一般地，我们把图书产品从投放市场到被市场淘汰的全过程称为图书产品的生命周期。营销学上习惯地将一种产品的生命周期划分为四个不同的阶段，即引入期、成长期、饱和期和滞销期。划分产品处于生命周期的阶段的依据是产品的销售增长率，即销售额变化与时间变化的比率。引入期，产品的销售增长率不稳定；当产品的销售增长率大于 10%时，产品便进入成长期；如果销售增长率稳定在 10%左右时，产品便处于饱和期；如果销售增长率低于 – 10%时，则进入滞销期。

## （一）引入期营销策略

### 1. 特　点

引入期，是图书产品初上市的时期。这一阶段，新产品刚刚进入市场，很多读者对其了解不够，因而出版企业需要支付大量费用开拓市场，吸引读者前来购买。此时，出版企业普遍是亏损经营，无利润可言，同时市场还不十分明朗，加之，市场紧跟者要推出同类选题的图书尚需时日，所以，市场竞争还不激烈，竞争对象也不明朗。在引入期，出版企业营销的重点，应是使新的图书品种尽快地为读者所接受，以缩短新品种图书的投入时间，尽快进入成长期。针对这一原则要求，出版企业可以利用的营销策略主要是灵活运用促销和价格这两个营销因素的不同组合来实现企业的营销目标。

### 2. 策　略

引入期营销策略分四种：

（1）快速掠取策略，也称高价高促销战略。即以高定价、高促销投入的方式强力推出新的图书产品，做到先声夺人，迅速占领市场。高定价虽然抑制了一些需求，但大量的广告宣传，可以在市场上塑造该图书产品的品牌形象，激起读者强烈的购买欲望，使企业在短期内获得高利润。该策略的适用条件是：读者对该图书需求心切，愿出高价，即图书的需求价格弹性较小；企业面临潜在的竞争对手的威胁，急需尽早树立品牌形象等。

（2）缓慢掠取策略，也称高价低促销战略。即以高定价、低促销投入的方式推出新的图书产品。一方面以高定价尽可能多地获得毛利，另一方面以低促销降低营销费用，从而获得最大的利润。该策略的适用条件是：市场容量较小；大多数中间商和读者已知该产品；产品的需求价格弹性较小，读者愿意出高价；潜在竞争的威胁不大。

（3）快速渗透策略，也称低价高促销策略。即以低定价、高促销投入的方式推出新的图书产品，迅速占领市场，并获得最大的市场份额。该策略的适用条件是：市场的规模很大；读者对该产品不了解；大多数读者对价格较为敏感；图书的需求价格弹性系数较大，潜在的竞争威胁大等。

（4）缓慢渗透策略，也称低价低促销策略。即以低定价、低促销投入的方式推出新的图书产品。企业以低定价促使读者接受该产品，以低促销实现较多的净利润。该策略的适用条件是：市场规模很大；读者熟知该产品；读者对价格非常敏感；潜在的竞争者构成一定威胁。

## （二）成长期的营销策略

### 1．特　点

成长期的主要特征是：图书的销售量迅速增加，读者对图书也日趋了解；销售量迅速增加和可观的盈利水平，吸引了大批竞争者纷纷介入，同类品种的图书越来越多；图书在首版、首次印刷过程中暴露出的内容及质量问题在再版或重印过程中得到修正，质量进一步提高；由于销售量的扩大，规模效益得到体现，书业企业的利润增加。这一阶段营销策略的核心是提高图书质量，改善服务，大力促销，扩大图书的市场占有率。

### 2．策　略

这一阶段出版企业的营销策略主要有：① 改进图书产品质量，提高竞争力；② 开辟新的细分市场；③ 扩大营销网点，开辟新的分销渠道；④ 树立图书产品形象；⑤ 改善服务。

## （三）饱和期的营销策略

### 1．特　点

饱和期的主要特征是：① 图书的销售量接近饱和，增长率趋于稳定或下降；② 利润达到最高点，并有下降趋势；③ 同类品种的图书纷纷进入市场，竞争十分激烈；④ 图书的内容开始变得过时，读者的兴趣也有转移。

### 2. 策　略

饱和期的营销一般不宜采用单纯的防守战略，在可能的情况下应寻找机会进行主动进攻。总的说来，这一阶段企业应采取进攻与防御并举的营销策略。可供书业企业选择的营销策略有三种：① 图书产品内容形式的改进；② 开发新的细分市场，也就是寻找新的读者；③ 进行营销组合的全面改革。

### （四）滞销期的营销战略

### 1. 特　点

滞销期的主要特征是：图书产品的销售量急剧下降，出现积压，利润锐减；图书的内容陈旧过时，市场上出现了内容更好的新的替代产品；出版同类图书的竞争对手也纷纷退出市场。

### 2. 策　略

滞销期营销策略的核心是撤退，即把滞销图书从流通过程中撤离出来。营销和发行部门要经常性地清点图书的发货周期，假如某一种图书在一个大大超过了平均发货周期的时间内仍然没有发生发行活动，这一图书将被认定为滞销书，可做滞销书处理。

## 五、图书产品经营策略

### （一）产品抢先型经营策略

其内容包括：填补国内图书出版空白的大型图书出版工程；传播最新科技成果的科技著作；从形式到内容都具全新风格特色的出版物；以全新的形式出版的出版物。书业可通过这几种方式来进行产品的形式与内容的创新，取得抢先的地位。

## （二）产品紧跟型经营策略

采取这种策略必须做好以下几个方面的工作：必须建立起健全的市场信息网络；应该建立起专门的选题开发班子；必须突出一个"快"字，开发和运作抢先型选题；必须利用各种手段进行宣传促销。

产品紧跟型经营策略与产品抢先型经营策略相比，具体有这样四种形式的紧跟策略：一是补充完善型：对先行上市的图书产品的内容进行补充、完善，与抢先型选题共同说明一个问题，但侧重点各不相同。比如，中华工商联合出版社推出《中国可以说不》之后，尾随其后的就有《中国何以说不》《中国为什么说不》《中国还是要说不》等。二是注释评价型：对先行上市的图书产品进行注释、评价，成为与先行上市的产品成龙配套的有机整体。比如，高等院校统编教材《大学英语》就出版了不少注释、辅导读物，辽宁师范大学出版社的《大学英语重点难点解析与训练》、北京广播学院出版社的《新编大学英语自学辅导》、教育科学出版社的《大学英语自学辅导》、武汉出版社的《〈大学英语〉自学手册》、大连理工大学出版社的《大学英语自主学习与同步训练》等。三是形式紧跟型：采用与先行产品相同或类似的形式推出形式上的紧跟产品。比如，你出《画说〈资本论〉》，我就出《漫话〈史记〉》；你出《童话365》，我就出《故事365》《古诗365》等。四是作者紧跟型：从作者队伍的角度上开发紧跟型选题。比如，你出版节目主持人赵忠祥的《岁月随想》，我出版杨澜的《凭海临风》、倪萍的《日子》；你出版影星刘晓庆的《我的自白录》，我就出版笑星姜昆的《笑面人生》、影星沈丹萍的《阳光下的漂泊》等。必须领会"紧跟"策略的实质，紧跟不是照搬、照抄，而是学习抢先型选题的某些有价值的方面。相同主题的紧跟型选题在内容和价值上应比先行产品更高一层次，否则就会失去其价值。

## （三）优势产品经营策略

优势产品经营策略是指书业围绕着在长期的出版发行实践中形成的产品、渠道、市场等方面的优势开发出版选题的一种营销策略。一般而言，任何一家书业，同其他的书业相比，总具有某些方面的优势，围绕着自身的这些优势来开发选题，是书业图书产品经营的重要策略之一。产品的优势有这样几种：一是传统优势产品。有些出版社，特别是历史悠久的名牌出版社，如商务印书馆、生活·读书·新知联书店、中华书局等，大多都在长期的出版实践活动中形成了自己的优势领域，形成了自己的一些传统风格。对于这类出版社来讲，其产品开发应紧紧围绕着自己的传统优势进行。例如，商务印书馆在 100 多年来的出版实践中形成了多方面的出版优势，其中，在汉译世界哲学、社会科学名著及中外文语言工具书等领域取得了重大成就，从而形成了自己的一大传统优势。即使是在图书市场竞争日趋激烈的今天，该社也始终坚持自己这一优势开发选题，而不是随波逐流。二是特色优势产品。特色，实际上也是优势。因此，围绕着本企业所形成的特色开发出版选题，即是特色优势产品。例如，法国有家名叫"子夜"的出版社，虽然是家仅有十来人的小型出版社，但是，由于有了自己的特色，办得十分红火，被誉为"培养现代文学家的摇篮"，其特色就是发现新人新作，培养新作家。三是行业优势产品。即利用出版社所属行业这一"地利"上的优势来开发图书选题。如中国铁道出版社围绕着"铁道"做文章，人民邮电出版社开发"邮电"选题，专利文献出版社围绕着"专利"开发选题等都属这一类。

运用优势产品经营策略时应注意的问题：书业对自己的优势要有充分的认识，这是有效运用优势产品策略的前提条件；书业对自身优势的利用与进一步培养自身的优势是相一致的；书业对自身优势的开发和利用是一个动态的过程，不是静止的。

## （四）产品市场服务型经营策略

产品市场服务型经营策略就是立足于开发图书产品的延伸层，向读者提供更为优质的服务。在图书产品内容和形式日益完善的今天，立足于开发图书产品的第三个层次，向读者提供优质的服务显然具有重要意义。一般说来，图书产品市场服务型策略主要涉及以下内容。

### 1. 信息服务

这是指书业向中间商、集团购买者和个人购买者购进图书提供相关信息的一种服务活动。例如，提供图书出版信息、图书商品的内容与形式信息、市场动态信息等。比如，美国的麦格·劳希尔公司和贝克·泰勒公司。

### 2. 业务指导服务

这是指出版企业在批发商和零售店购进图书时向其提供诸如进货、备货等方面的业务指导。例如，法国的一些大型出版社都配备有专人在全国分区负责向本区零售书店进行宣传促销服务，为零售书店的进货、备货提供指导和咨询服务。

### 3. 编目、加工及配套服务

这是指书业对图书馆等集团读者所购图书提供必要的加工或技术处理等服务，如美国贝克·泰勒公司为图书馆提供多种配套服务，它不仅给供应图书馆的图书加配封面、编目，而且还向图书馆提供借书服务，即对短期内受欢迎的图书向图书馆提供多册副本，用后归还给书店，书店只从中收取少量的费用。另外，还有其他服务，如送货上门、缺书代购、邮购、退货等。

# 六、图书产品组合策略

图书产品组合，是研究书业生产经营的全部图书产品的品种和类别结构，是指书业根据自身的实力与特长确定图书产品开发与经营的范围。

## （一）图书产品组合的要素及策略

### 1. 图书产品组合的要素

图书产品组合是指一个书业生产和经营的全部产品线、产品项目的组合方式。产品线是指具有相同功能，但其型号规格不同的一组类似的产品项目集合而成的一组产品。图书产品组合由三个基本要素构成，即图书产品线的深度、广度和关联性。图书产品线的深度就是指一条图书产品线中不同图书产品项目，即图书品种的多少。同一图书产品线中所包含的图书产品项目越多，则该图书产品线的深度越深；反之，则越浅。图书产品线的广度，是一个书业拥有的图书产品线数量的多少。一个书业企业所拥有的图书产品线数量越多，说明其产品线的广度越大；反之，就越小。图书产品线的关联性，是指书业的各条图书产品线在生产经营中相互关联的程度。也就是各条图书产品线的图书品种在组稿、编校、制作、装帧、设计、发行渠道、促销方式等各方面的相关程度。若不同产品线在产品的制作、发行、促销等方面有很大的差异，则产品线的关联性弱；相反则产品线的关联性强。

## 2. 图书产品组合策略

合理地确定图书产品线的深度、广度和关联性，正确地确定图书产品组合策略，对于书业市场营销具有重大意义。一般地讲，书业可以选择运用的图书产品组合策略有以下几种。

（1）广深型图书产品组合策略。是同时追求图书产品线的深度和广度，却不过分强调图书产品线关联性的一种图书产品组合策略。对于出版企业而言，该策略主要适用于大型综合性出版社。专业出版社由于受到出书范围的限制，小型出版社受到资力状况的限制，一般都不可能采用这一组合策略。对于图书发行企业而言，这是一种较理想的产品组合方式，尤其是大型发行企业，采用这一组合策略对于吸引各种读者，满足读者各类需求都具有积极意义。

（2）广浅型图书产品组合策略。是只追求图书产品线的广度，而不追求其深度的一种产品组合策略。一般地讲，它比较适合于向某一区域图书市场提供各类图书服务。例如，立足于服务少数民族地区的书业企业。就发行企业而言，该策略比较适合于一些中小型综合性书店。

（3）窄深型图书产品组合策略。即追求图书产品线的深度，不强调产品线的广度的一种图书产品组合策略。该组合方式由于产品线较单一，一般只经营少数几条产品线，因此，这几条产品线之间的关联性应该比较高。主要适用一些大中型专业性书业。

（4）窄浅型图书产品组合策略。是既不追求图书产品线的深度，也不追求产品线的广度，只经营单一或少数几条产品线的少数图书品种。这种图书产品组合策略不适合于我国的出版企业，因为我国的出版企业均以中型规模为主，没有像西方国家那样仅有一两人的那种微型出版社。对于图书发行企业而言，这种产品组合方式也主要适用于便利店、方便商店的图书经营。

## （二）图书产品组合的调整策略

随着图书市场宏观环境、读者需求和企业自身实力的变化，书业的图书产品组合也需要及时做出必要的调整。图书产品组合的调整策略就是书业根据自身实力和市场需求的变化对企业产品组合进行必要调整的决策。

## 1. 收缩策略

收缩策略是对原有图书产品线的广度和深度加以缩减，缩减企业图书的经营范围，减少企业生产经营的图书品种，实行集中经营。该策略通常是在宏观经济处于紧缩状态，市场环境不佳，需求下滑，或者是企业经营状况不景气，实力滑坡时采用。

### 2. 扩展策略

与收缩策略相反，扩展策略是指企业对其原有图书产品线的广度和深度加以扩张，以扩大图书的出版经营范围，增加图书出版经营品种，推行规模经营。图书产品组合的扩展，主要有两个途径。第一，扩大图书产品线的广度，即增加新的图书产品线。第二，扩大图书产品线的深度，即增加已有产品线内图书出版的品种数。该策略主要是在宏观经济环境较好，读者需求扩大，或者企业自身实力由弱变强时所采用的一种产品组合调整策略。

### 3. 延伸策略

图书产品线延伸策略是将企业原有图书产品线加长，通过增加出版经营的图书产品的档次，以扩大图书的经营范围。可供图书企业选择的图书产品线延伸策略主要有三种，即向下延伸、向上延伸和双向延伸。① 向下延伸，是指在原有的图书产品组合中增加一些质量和价格相对较低的图书产品线和产品项目，以满足购买力较低的读者的需求。② 向上延伸，是指在原有的图书产品组合中增加一些质量和价格相对较高的图书产品线和产品项目，以满足读者的高档次消费需求。③ 双向延伸，是在原有图书产品组合中同时增加高档次和低档次图书产品线和产品项目。

## 七、图书产品形式策略

图书产品的开发不仅仅涉及图书的选题，即图书的内容，同时也包括图书产品的形式设计，如书名、装帧等问题。

### （一）书名的设计

书名是图书内容的概括。在一般情况下，通过书名，读者大致就可以判断出图书的内容主题、学科性质。从营销的角度看，书业不仅要求书名能起到揭示图书内容性质的作用，而且还要求书名能起到吸引读者、激发需求、扩大销售的促销功能。

## 1. 书名的形式

（1）单一书名。单一书名，是图书名称的一种最常见形式，它适用于各学科专业类别、各种类型的读者对象、各种不同层次的图书。特别是对各学科专业的基础读物、对于读者对象宽泛的大众读物，单一书名更能体现出自己的优势。单一书名具有简洁、明了、易于识记等优点。

（2）正副书名。正副书名，是指在单一书名的基础上再加上一个补充、限制说明该书内容、范围、性质等的副书名，或称说明文字。副书名的功能主要有：进一步揭示图书的内容；指明图书性质；限制、突出正书名的内容。

（3）交替书名。交替书名，是指一种图书同时使用两个交替使用的书名，通常这两个书名都可以在封面上出现，也可以在封面上只出现其中的一个，在书名页或版权页上同时列出两个书名。交替书名多见于翻译图书或古典著作。

（4）并列书名。并列书名，是翻译图书的中文名称和外文原名同时出现于封面、书名页或版权页上。一般来讲，学术著作、专业书等可使用并列书名策略。

## 2. 书名设计的原则

现代书业都非常重视书名的设计，这一事实本身就体现了书名设计的重要性。书名的设计技巧固然重要，但这并不意味着书业就可以随心所欲地设计书名。书名的设计必须遵循三大原则。

（1）艺术性原则。艺术性原则，系指书名应在揭示图书内容、性质等基本要素的同时，充分考虑书名对于读者的艺术感染力，力求以艺术性吸引读者，激发读者的需求。例如，从《寻找失去的时间》到《追忆似水年华》；从《桃色的衣裳》到《情书一束》。

（2）科学性原则。科学性原则的核心是指书名要忠实于图书的内容，不含浮夸、虚假、欺诈的成分。例如，《爱情心理学》则不应取名为《情爱内心大探密》。

（3）严肃性原则。书名，不完全等同于物质产品的名称，它虽然也有促销的功能，但是，它必须同图书的内容一样注意其社会影响。

## （二）装帧设计策略

装帧设计是书刊的封面、版式、插图及装订形式等设计的总称。它可以分为技术设计和美术设计两大部分。技术设计又包括开本的设计、装订设计、纸材选择在内的整体设计和版面设计。美术设计则包括封面的设计、插图配置等内容。装帧设计策略主要分为艺术性策略和风格性策略。

### 1. 艺术性策略

图书装帧设计首先必须使图书表现出一种外在的形式美。图书装帧设计，从本质上讲，应该揭示图书内容的意蕴，应该充分展示图书的内容，表现图书的内容美。

### 2. 风格性策略

风格性策略，即在图书装帧设计方面追求独立且相对稳定的思想和艺术特色的一种策略。首先，图书的装帧设计应具有时代特色。其次，图书的装帧设计必须重视自己的民族风格。再次，追求图书装帧设计的企业特色才是图书营销策略的核心内容。最后，图书的装帧设计，还应充分发挥自己的个性特征，展示每种图书的个性魅力。

# 八、图书促销策略

## （一）图书促销的概念

促销，即促进销售，按照美国市场营销协会定义委员会的解释，促销是"以人员或非人员的方式，帮助或说服顾客购买某种商品或劳务，或者使顾客对卖方的观念产生好感"。图书促销是书业运用人员或非人员方式向读者提供图书出版发行信息，帮助读者了解图书产品，以引起读者对于某种图书产品或书业有关服务的关注和兴趣，激发其购买欲望，继而产生购买行为的一种图书营销活动。图书的宣传促销能产生以下作用。

（1）传递信息。信息的传递有三个方向：第一，传递给目标读者；第二，传递给发行商；第三，传递给公众。读者的购买行为需要必要的信息指导，特别是在个性化的需要日趋成为主导的情况下，读者要想从数以百万的图书品种中挑选到满意的图书必须掌握必要的信息。没有信息传递的图书品种很难引起读者的注意，难以实现预期的销售目标。

（2）激发读者购买欲望。出版社通过促销活动，可以激发潜在读者的购买欲望，影响读者的购买决策，引起读者的购买行为，促进图书的销售。促销可以激发读者潜在的对图书产品的需求，使其转化成为对某种图书产品的现实的需求；促销还可以在一定程度上抑制读者对某种图书产品需求的衰减，从而延长图书产品的生命周期。

（3）突出特色。由于竞争的激烈，同类图书产品几乎能够同时推向市场，并且在各个方面展开高水平的竞争，读者往往难以辨别同类图书品种的细微差异，难以选择哪一个图书品种才是自己最需要的。通过促销沟通，出版社可以充分展示图书品种的特点及其给目标读者所能带来的特殊的利益，从而把自己的图书品种与其他图书品种区别开来，具体划分出自己的目标读者，并因此树立起与众不同的独特的产品形象。

（4）树立形象。通过长期的有意识的促销活动，不断明确和规范自己的特色，在图书产品和读者之间建立起持久稳固的联结，不断积累的产品形象就会提升为出版社的企业形象，使更多的潜在读者转化为现实的目标读者，使目标读者成为出版社图书的忠实购买者。

## （二）图书促销组合

图书促销有人员推销、广告、营业推广和公共关系等四种基本方式，这些宣传促销方式各自有优势与不足，在图书宣传促销实践中，图书企业必须根据企业的营销目标、资源禀赋、图书产品的特征、市场状况等多种因素进行认真的选择和综合运用，即选择科学的促销组合策略。

### 1. 图书促销组合的概念

图书促销组合，是指图书企业根据自身的促销目标、资力状况、图书商品的特征、目标市场需求特征及竞争状况等因素选择运用各种促销方式和促销策略，以提高促销效益的一项营销策略。这一概念包括了以下几个基本点：① 图书促销组合的目标；② 影响图书促销组合的因素；③ 图书促销组合的内容。

## 2. 影响图书促销组合的因素

（1）图书商品的内容与形式特征。
（2）图书产品的生命周期。
（3）图书企业的整体营销目标及资力状况。
（4）目标市场状况。

## （三）人员推销

### 1. 人员推销的含义

人员推销，是指图书企业的推销人员运用直接交谈的方式向可能购买图书商品的顾客推销图书商品的一种促销方式。第一，人员促销的主体是图书企业的推销人员。第二，人员推销的方式是图书企业推销人员与读者面对面的直接推销。第三，人员推销的对象是图书商品的可能购买者。

### 2. 人员推销的特点

第一，有利于买、卖双方的双向信息沟通。
第二，融图书的宣传与销售于一体。
第三，可发挥销售人员和信息员的双重作用。
第四，开支大、费用高。
第五，成功率的高低，取决于推销人员素质的高低。

## （四）人员推销策略

（1）试探性人员推销策略，也称"刺激—反应"型策略，它是指图书推销人员在事先尚不了解顾客的具体要求的情况下，通过与顾客的"渗透式"交谈，观察其反应，试探其具体需求，然后根据顾客的反应进行有针对性的宣传，以刺激其产生购买动机，引导其购买行为的一种促销策略。该策略的特点：推销人员事先不了解顾客的需求；通过"渗透式"交谈以了解其需求；根据交谈中的反应，抓住机会推销图书。

（2）针对性人员推销策略，又称"启发—配合"型策略，它是指图书企业推销人员事先已了解到顾客的某些具体需求，针对这些要求积极主动地与之交谈，以求引起对方的共鸣，从而促成交易的一种促销策略。该策略的特点：事先已了解到了顾客的需求；针对需求进行交谈，以引起对方的共鸣；力求使对方相信推销人员的话。

（3）诱导性人员推销策略，也称"需求—满足"型策略，它是指通过交谈，引起顾客对所推销图书商品的需求欲望，并使顾客把满足其需求欲望的希望寄托在推销人员身上，这时，再以巧妙的方式说明自己能够满足其需求，使之产生兴趣，进而依靠推销人员来满足其需求的一种推销策略。该策略的特点：有目的地与顾客进行交谈；交谈的内容必须与自己推销的图书产品有关联；在引起顾客的兴趣之后，使其将满足需求的希望寄托在推销人员身上；选择适当的时机承诺帮助顾客解决问题。

# 九、图书定价策略

## （一）价格体系政策

价格体系是指市场上千差万别的商品之间价格的相互联系、相互制约而形成的一个复杂体系。它通常可以划分为商品的比价体系和差价体系两个部分。价格体系政策是指国家为维护商品差价、比价的合理性而确定的价格管理政策。书业在对图书商品定价时，也必须考虑商品的差价和比价因素。

### 1. 商品差价

商品差价，指同一种商品由于流通的环节、地区、季节或质量的不同而形成的价格差额。一般而言，商品差价的主要形式有批零差价、质量差价、地区差价和季节差价四种。

（1）批零差价。

这是指同一商品在同一时间、同一市场零售价与批发价之间的差额。图书商品的批零差价直接反映图书出版商、批发商与零售商之间的利益分配关系，批零差价的高低对于出版商、批发商和零售商的利益都有很大的影响。

批零差价的高低还直接影响着商品的市场销售价。出版企业在确定图书定价时，必须充分地考虑到其批零差价因素，既要有利于中间商进行广泛分销，又不能因此而提高图书的定价，影响读者购买。

（2）质量差价。

这是指同一种图书商品在同一市场上因质量差异而形成的价格差额。按质定价是我国价格政策的一项重要内容，出版企业在确定图书产品的价格时，也必须严格遵循这一政策要求。图书产品的质量也可从内容和形式两个方面来考察，但是，由于图书的内容是科学文化知识，其功效的大小、价值的高低、质量的优劣往往难以衡量，所以，书业在确定图书价格时，往往主要考虑其形式的质量，如图书的用纸、装帧、印刷等的质量。严格说来，图书的内容质量较形式质量更为重要，它对读者的影响更大，因此，在确定图书定价时，也应尽可能予以考虑。

（3）地区差价。

这是指同一种商品在同一时间、不同地区的价格差额。它主要是商品在地理空间转移过程中所增加的劳动消耗而形成的，此外，由于不同地区的技术条件、资源条件、生产费用的不同，也会形成地区差价。地区差价是商品价值规律的一种体现。然而，我国图书定价却一直未能考虑到地区差价这一因素，实际上，也就是忽视了图书流通过程中价值规律的作用，这是与市场经济体制的要求不相适应的。这里有一种著名的地区差价现象，称为地区差价的"深圳现象"。1995 年，国家物价局批准深圳市新华书店出售图书可按定价上浮 10%～15%，引起我国书业界较大反响。这一事件更激发了人们对我国图书定价不考虑地区差价现象的思考。"深圳现象"的意义不仅在于它解决了围绕深圳市新华书店"卖得越多，亏损越大"的矛盾，而且更在于它是一个以官方形式肯定地区差价因素在图书销售价格中的作用的良好开端。随着适应社会主义市场经济体制的新的图书出版体制的逐步确立，出版企业的图书定价会越来越多地考虑到地区差价这一因素，从而使我国的图书定价更加合理。

（4）季节差价。

这是指同一商品、同一市场、不同季节之间的价格差额。它主要是由于商品供求在时间上的矛盾而造成的。图书产品的需求，除了教材、教辅、政治学习读物、年画、挂历等几类图书之外，其他品种受季节因素的影响不是十分明显。在上述这几类受季节等时间因素影响较大的图书类型中，教材、教辅、政治学习读物又是具有特殊意义的出版物，其定价不完全由市场因素来决定。因此，在图书产品中，仅有年画、挂历等少数类别的出版物可试行季节差价，其他类型的图书要么不宜搞季节差价，要么搞季节差价意义不大。

## 2．商品比价

商品比价是指同一条件下相关商品价格的比例关系。这里所指的相关商品是指在生产或消费中有联系、有影响或能互相替代的商品。从出版企业的角度看，对图书定价有影响的商品比价形式主要有替代品比价和连带品比价两种。

（1）替代品比价。

这是指在使用上可以相互替代的商品之间的价格比例。由于其功能上的相同或相近，读者在购买过程中就会从价格等功能以外的其他方面去进行比较、挑选。替代品中具有价格优势的产品往往更受读者欢迎。出版企业在对图书进行定价时，对同类图书的市场上有关替代品价格应给予足够的关注。

（2）连带品比价。

连带品是指在消费中必须结合在一起才能完成某种功能的两种或两种以上的商品。这种连带品价格之比就是连带品比价。一般而言，连带品中，一种商品的价格低就会刺激另一种商品的需求，从而给相关连带品适当提高价格创造了有利条件。

## （二）图书产品的价值成本因素

### 1. 图书产品的价值因素

价值是指凝结在商品中的人类劳动。图书商品的价值是指凝结在图书商品中的人类劳动。图书商品的价值不是由其个别劳动时间决定的，而是取决于其社会必要劳动时间。图书商品价值的大小应该由图书出版发行活动中所耗费的物化劳动和活劳动来决定。当前，图书商品的价值主要是指其物化形态的价值，较少考虑其精神文化内容的价值。而从严格意义上讲，图书产品的价值不仅应包括其物化形态的价值，更应包括其精神文化内容的价值。

### 2. 图书商品的成本因素

成本是图书商品的最低经济界限，一般分为生产成本和流通成本。图书商品价格通常由四个基本要素构成，即价格＝生产成本＋流通成本＋税金＋利润。其中，生产成本和流通成本是图书商品价格构成的最主要部分。一般来讲，图书的成本越低，企业定价的灵活性就越大；相反，成本越高，定价的灵活性就越小，不利于各种定价策略的灵活运用。

（1）图书商品的生产成本。图书商品的生产成本是耗费在图书产品著述、编审和印装等生产过程中的各种费用。它主要包括稿费、纸张与装帧材料费、录入制作费、印装费、编审费、企业管理费及废品损失费等。

（2）图书的流通成本。图书的流通成本是指发生在流通领域为实现图书商品价值而支付的各项物化劳动及活劳动的货币表现。它主要包括图书商品运杂费、包装费、保管费、损耗费、经营管理费等。

## （三）市场状况因素

市场是商品实现的基本条件，图书商品价值的实现也离不开市场，因此，图书商品定价必须充分考虑市场状况这一重要因素。在市场状况中，对图书商品定价影响较大的因素主要有图书商品的供求状况、图书商品的需求价格弹性和市场竞争状况三种。

### 1. 图书商品供求状况

图书商品的价格与供求是相互影响、相互制约的，出版企业在确定图书的定价时，必须充分了解该图书的市场供求状况。从总体上考察，图书商品的供求关系不外乎三种，即供求平衡、供过于求和供不应求。

（1）供求平衡，是指某类图书商品的供给量与需求量在一定时期内处于基本吻合的一种状态。在供求平衡的这种理论状态下所形成的价格，营销学上称为均衡价格。

（2）供过于求，是指某类图书商品的供给量大于其需求量的一种市场状态，在这种状态下，形成买方市场。在买方市场状态下，读者掌握着市场的主动权，而书业为争夺读者则必须展开激烈的竞争。从图书定价方面来看，此时只宜采用一些低价策略。

（3）供不应求，是指图书商品的需求量大于其供给量的一种市场状态。在这种市场状态下，形成卖方市场。在卖方市场状态下，出版企业掌握着市场的主动权，读者则为购买自己所需要的图书而奔波。在这种条件下，适当高价不会严重影响需求。当然，从总的情况看，卖方市场通常只是短暂的，它不可能持续很长时间。图书商品的供求关系对定价的影响：某类图书的需求下降、供给增加时，其价格就会自行下降到均衡价格之下；若其需求增加、供给下降，则其价格就会上升到均衡价格之上。

### 2. 图书商品的需求价格弹性

需求价格弹性是商品的一个重要市场特征。图书商品的需求价格弹性是指图书的需求量对其价格变动做出的反应程度。图书商品的这一市场特征可用数值来表示，即它等于图书商品的价格变动百分比对其需求变动百分比的比值。图书商品的需求价格弹性：$\sum p = (\triangle Q/Q)/(\triangle P/P)$

$\sum p$ 值的分布不外乎三种情况：其一，$\sum p > 1$，称作弹性充足，表明该商品的需求对其价格变化较为敏感。其二，$\sum p < 1$，称作弹性不足，表明该商品的需求对其价格的变化反应迟钝。其三，$\sum p = 1$，称作弹性不变，即该商品的需求量变化幅度与其价格变动幅度相等。从总体上看，图书是一种弹性充足的产品，它对价格的变动十分敏感。从定价的角度，对于图书这种需求价格弹性普遍较大的产品，一般不宜于把价格定得过高，否则就会严重抑制需求，若用相对的低价策略，就会有利于激发读者的需求，达到薄利多销的目的。

### 3. 市场竞争状况

价格是企业参与竞争的重要手段。市场竞争按其程度来分，有完全竞争、完全垄断和不完全竞争三种。一般说来，竞争的程度不同，它对企业定价的影响也就完全不一样。在完全竞争状态下，任何一个企业都不可能单独左右同类商品的价格。商品价格是在多次交易中自然形成的，各个企业都是价格的接受者而不是价格的决定者。完全垄断下的市场则正好相反，商品的价格通常是由少数几家垄断企业控制。在不完全竞争状态下，多数企业都能积极主动地影响市场价格，而不是价格的被动接受者。

## （四）读者自身因素

读者是图书商品的消费者，他们也是图书价格的最终评判者。图书的定价是否合理，要看目标市场的读者是否能够接受，如果图书定价不能为目标市场的读者所认同，甚至遭到他们的抵制，那么，这种定价显然是失败的。影响图书定价的来自读者方面的因素主要有：目标顾客的规模、目标顾客的购买力、购买心理、购买行为四个方面。这里主要介绍前两个因素。

### 1. 目标顾客的规模

市场是由人构成的，人口是构成市场的第一要素。构成市场的人口规模的大小对企业的产品定价有着十分重大的影响。目标顾客也就是出版发行企业所提供的图书产品与相关服务的消费人群。目标顾客规模对图书产品定价的影响主要体现为：目标顾客规模越大，图书产品市场容量也就越大，相对低的产品定价仍然可以有足够的利润空间；相反，目标顾客规模越小，图书产品的市场容量也就越有限，如果图书产品没有适当的高价位，就不可能有相应的利润空间。需要强调的是目标顾客规模对图书产品定价的影响不是孤立的，它是与其他要素，如目标顾客的购买力相互作用，千万不可孤立地理解其对图书产品定价的影响。

### 2. 目标顾客的购买力

目标顾客的购买力是指目标顾客购买图书产品与相关服务的货币支付能力。一般来讲，目标顾客购买力的大小与其收入高低和支出结构情况有关。对于以收入高、购买力强的人群为目标顾客的图书产品及相关服务可确定相对高的价位；相反，对以收入低且购买力弱的消费人群为目标市场的图书产品及相关服务则以低定价为宜。从现阶段我国图书市场情况看，出版企业在确定图书产品定价时对我国读者的购买力要素考虑不够，导致图书产品定价普遍偏高。

## （五）书业定价目标与方法

出版企业要成功地运用营销学中的各种价格策略，不仅要全面系统地分析了解影响企业定价的各种因素，而且还必须在此基础上选定科学的定价目标和方法。只有定价目标及方法选择得当，才有可能保证企业确定科学合理的图书价格。

### 1. 书业的定价目标

由于所处环境及自身实力的差异，不同出版企业通常选用不同的定价目标。即使是同一企业，其定价目标也不是单一的或固定不变的，而是根据不同图书产品去选择不同的定价目标，并且随着企业整体营销策略的变化而随时调整。一般认为，出版企业定价目标主要有利润目标、销量目标及竞争目标三大类，共十几种。

（1）利润目标。

获利是出版企业图书营销活动的主要目标。随着我国社会主义市场经济体制的建立，出版企业已不再只追求单纯的社会效益，作为独立的经济实体，每一个出版企业都会重视自己的经济效益。因此，对利润的追求已成为我国出版企业的基本目标之一。根据企业对利润追求的不同侧重点，定价的利润目标又可分为三种：追求利润最大化、获取适度利润和获取预期收益。

① 追求利润最大化。从理论上讲，出版企业利润最大化的条件应该是图书的边际收益等于其边际成本。如果边际收益大于边际成本，表明还有潜在的利润没有得到，出版企业通过增加印数，扩大销售是可以获得利润的。如果边际收益小于边际成本，就表明产销的图书商品数量越多亏损就越大。只有在边际收益等于边际成本时，企业的产销量达到了能够获取利润的最边缘，把能赚的利润都赚到手了，这时的利润是企业所能实现的最大限度的利润。利润最大化并不意味着它必然导致图书的高定价。

② 获取适度利润。指出版企业在补偿正常情况下的社会平均成本基础上，加上适度的利润来确定图书商品定价以获得正常情况下合理利润的一种价格目标。根据这一目标所确定的图书价格水平较为适度，不仅读者乐于接受，政府积极鼓励，而且它对于避免恶性竞争，稳定图书供求等都有积极意义，因此，它又被称作"满意利润目标"。

③ 获取预期收益。指出版企业以预期收益（即利润）为图书定价基点，并以利润加上图书产品的总成本和税金来确定图书商品定价，从而获得预期收益的一种定价目标。这一定价目标具有较浓厚的主观色彩，企业在图书产品投入市场之前，事先就已确定了其预期收益。因此，出版企业在选用这一定价目标时，应该对图书产品的市场容量、市场前景、竞争状态、产品的需求弹性等进行全面系统地分析研究，以确保企业确定的预期收益更科学更准确。

（2）销量目标。

从传统的观点来看，商品的销售量似乎就是利润的代名词。一般认为，产品销售量越大，其利润就越多。事实上，在维持正常利润水平的前提下，销售量的增加，的确意味着企业利润的增加。所以，在企业的产品定价中，扩大产品销量也就成为企业定价的重要目标。销量目标主要有两种形式：追求最大销售量（或销售额）、保持和扩大市场占有率。

① 追求最大销售量。追求最大销售量必须与企业的利润结合起来考虑，在保证总利润不低于某一水平的条件下，尽量降低价格，扩大销售量和市场占有率。一般地讲，采用这一定价目标，需要具备这样几个条件：第一，市场竞争激烈，同类图书品种多，高价政策难以占领市场；第二，市场容量大，单位产品成本和价格可因大批量销售而降低；第三，图书产品的需求价格弹性大，具有通过一定措施的刺激而达到扩大需求的可能等。

② 保持和扩大市场占有率。市场占有率，又称市场份额，是指一个出版企业某类图书产品在某一市场的销售量（额）占该类图书产品在该市场销售

总量中的比重，一般用百分比表示。市场占有率不仅是企业的经营状况与企业产品竞争力的直接反映，还是企业综合实力的缩影。以提高或保持市场占有率为目标，就要求企业采用适当的低价政策，通过较低的价格维持稳定的销售，从而占领较大的市场份额。

（3）竞争目标。市场经济的基本特征就是竞争，现阶段，我国图书市场的竞争日趋激烈。各书业为在竞争中发展自己、壮大自己，已将竞争的触角延伸到了企业营销活动的各个方面，其中，价格方面的竞争自然也不例外。企业定价中的竞争目标，即以保持和增强竞争地位为企业定价的出发点，服务于企业竞争地位的提高。一般说来，企业可以通过两种思路来达到这一目标：一是维持价格的相对稳定来保持竞争地位；二是以低价击败竞争对手来增强自己的竞争地位。

### 2. 书业的定价方法

定价目标确定之后，接着要解决的便是定价方法问题。营销学上所讲的企业定价方法不外乎成本导向定价法、需求导向定价法和竞争导向定价法三类。

（1）成本导向定价法。

成本是商品价格的最低经济界限。成本导向定价法是以马克思的劳动价值论为基础的，也是与我国图书行业价格政策的要求相吻合的，它反映了成本在书业生产经营中的作用和意义，对于出版企业加强管理、控制成本都有现实的意义。对出版企业图书商品定价有现实意义的成本导向定价法主要有以下四种：单位成本加成定价法、变动成本定价法、目标收益定价法和收支平衡定价法。

① 单位成本加成定价法，是以图书商品的单位成本为基础，加上一定比例的预期收益来确定图书定价的一种方法。单位图书商品价格 = 单位图书商品成本（1 + 利润率）。该定价方法操作简单，在图书定价实践中得到广泛应用。

② 变动成本定价法，即只计图书商品的变动成本，不计固定成本，以高于图书商品变动成本的数额作为图书商品定价的一种方法。这种定价方法的立足点是不求盈利，但求少亏。通常仅应用于两种特殊的情况：一是当图书商品供大于求，无法销售出去。二是当企业订货不足，企业各种资源闲置。

③ 目标收益定价法，是根据图书产品的总成本（或称总投资额）、目标

收益额和预期销售量来确定图书定价的方法。单位图书产品定价=（总成本+目标收益额）/预期销售量。

④ 收支平衡定价法，即利用收支平衡点来确定图书产品定价的方法。所谓收支平衡点，即图书产品的总成本除以图书发行量所得的商。如果某种图书的总成本为 10 万元，发行量为 1 万册，即其收支平衡点为 10 元，如果图书定价高于这个收支平衡点，企业便可盈利；相反，如果低于这个平衡点，企业就要亏损。收支平衡点是企业定价的盈亏临界点，它通常只是作为出版企业图书定价的一个参考依据。

（2）需求导向定价法。

需求导向定价法，即不考虑图书商品的成本，主要以读者的需求状况来确定图书价格的一种定价方法。需求导向定价法主要有以下三种形式：理解价值定价法、逆向定价法和差别定价法。

① 理解价值定价法。理解价值，也称感受价值、认知价值，是读者对某种图书商品的内容、风格特色、装帧设计和效用等各种性能指标的主观评价。消费心理学的研究表明，消费者对商品的理解价值直接影响着消费者对该商品价格水平的评价。读者对图书商品价格的评价，并不直接同其成本发生联系，更多的是与其理解价值相联系。理解价值定价法，正是根据读者对图书商品的理解价值的高低来确定图书的定价。该定价法有利于贯彻名牌高价、优质优价的价格原则，因此，它有利于促进名牌图书产品、知名出版企业的成长。理解价值定价法的关键是如何确定读者对于图书商品的理解价值，只有准确地把握了读者对于图书商品的理解价值，使用这种方法才有其意义。

② 逆向定价法，也称倒算价格定价法，即生产企业根据市场调研和价格预测，先确定商品的市场零售价，然后以此为基础，推定产品的出厂价和批发价的一种定价方法。我国出版企业所运用的正是逆向定价法，它是出版企业根据市场调研与价格预测来直接决定零售价，然后通过折扣的方式来调节出版、批发与零售商的利益分配。

③ 差别定价法，也称区别需求定价法，这是根据需求条件的不同，对同一商品确定不同价格的一种定价方法。例如，书店在"教师节"前后凭"教师证"可以对教师实行 9 折优惠售书，非教师读者就不能享受这一优惠。再如，某些书店对老顾客实行优惠售书，新顾客不能享受这种优惠，这同样也有差别定价的性质。

（3）竞争导向定价法。

竞争导向定价法，是指企业不直接考虑商品的成本和需求因素，主要依据市场竞争因素，尤其是竞争对手同类产品的价格状况来确定商品价格的一种定价方法。竞争导向定价法包括很多形式，这里简单介绍其中两种：随行就市定价法和价格领袖定价法。

① 随行就市定价法，亦称流行价格定价法，即根据市场同类图书产品的平均价格水平来确定自己产品的价格的一种方法。就出版企业而言，这种方法主要适用于那些内容和效用完全相同或相近的图书产品，如"中国四大古典名著"等。

② 价格领袖定价法，又称寡头定价法，这是指在某一行业或部门中，由少数几个大企业掌握定价主动权，其他企业只好参考这几个大企业的价格水平来确定自己产品价格的方法。

## （六）图书定价策略

图书定价策略是指出版企业在分析图书商品价格影响因素、确定图书商品定价目标、选择科学定价方法的基础上，确定图书商品定价的技巧和战术。出版企业定价策略的宗旨是在国家书业价格政策的指导下，使图书商品价格既乐于为读者所接受，有利于扩大销售，实现图书的社会效益，又能在增强企业的竞争力、扩大企业的影响和声誉的基础上给企业带来较多的利润，使出版企业取得较好的经济效益。

### 1. 图书价格水准策略

图书商品价格水准不外乎高、中、低三种档次，与之相对应，图书价格水准策略也有三种，即撇油定价策略、渗透定价策略和满意定价策略。

（1）撇油定价策略，又称取脂定价策略，它是指以较高的定价将图书产品推向市场，以便在短期内获得较高的回报，减少经营风险的一种定价策略，这种策略如果运用得当，对于提高出版企业的经济效益是很有帮助的。一般认为，运用该定价策略应具备以下几个条件：

第一，该种图书商品从内容到形式与同类图书商品相比必须具有明显的优势，否则，不宜采用此策略。第二，该图书商品的需求价格弹性不宜过大。第三，具有一定市场垄断性的图书商品比较适宜于采用此策略。第四，先行上市的应时书比较适宜于采用此策略。

（2）渗透定价策略，也称薄利多销定价策略，它与撇油定价策略正好相反，是指书业利用读者的求廉心理以较低的价格将图书商品推向市场的一种定价策略。通常情况下，绝大多数类型的图书产品都适用于这一策略，特别是市场容量大、同类品种多、市场竞争激烈、需求价格弹性高的图书产品更适用这一定价策略。渗透定价策略具有这样几个突出的优点：第一，较低的价格，对于迅速打开市场，扩大销售量十分有利；第二，价格上的优势，对于抑制竞争对手，也能取得积极的效果；第三，较低的书价，对于提高出版企业的社会效益也十分有利。

（3）满意定价策略，也称中位定价策略，是介于撇油定价与渗透定价策略之间的一种折中定价策略。它一般是按照出版企业系统的平均价格水平来确定自己图书产品的价格。这种定价策略，既不像撇油定价那样具有"损害"读者利益的嫌疑，又不像渗透定价策略那样导致出版企业投资的低回报，更撇开了上述两种定价策略的弊端，又在一定程度上吸收了上述两种策略的优点，于读者、于出版企业双方都乐意接受。因此，它是出版企业定价的一种较为理想的策略。

## 2. 图书定价的心理策略

图书商品的定价，不仅要考虑到广大读者的购买力，同时还要考虑到读者的购买心理。一般地讲，在图书的价格水准已确定之后，还应根据读者的购买心理来对这个价格进行某些微调。所谓图书定价心理策略正是指出版企业根据读者购买心理因素对图书价格进行微调的技巧和方法。它包括尾数定价策略、整数定价策略、声望定价策略和谐音口彩定价策略等。

（1）尾数定价策略，也称奇数定价策略、非整数定价策略，是指出版企业给图书商品定价时，有意确定一个保留尾数的价格。消费者心理研究表明：绝大多数顾客普遍感觉到尾数定价比整数定价要便宜、要精确一些。一本标价 9.90 元的图书，总觉得它不到 10 元。尾数定价正是利用了这种心理倾向给图书产品确定一个带尾数的定价，让读者有一种价格偏低、比较便宜的感觉，使之易于接受。尾数定价在我国图书定价中应用比较普遍。

（2）整数定价策略与尾数定价策略相反，它是指出版企业把原本可以采用尾数定价的图书商品价格定为高于或偏低于这个价格的整数。整数定价通常以"0"作为尾数。一般认为，凡超过 100 元的图书商品都不宜采用尾数定价策略，而应运用整数定价策略更为合适。整数定价策略的应用很广，它虽然主要适用于高档、高价、高质量的图书商品，但是，它并不排斥低价、低档图书，也就是说，低价位、低档次图书同样也可采用整数定价策略。

（3）声望定价策略。声望定价是根据图书产品在读者心目中的声望、信任度和社会地位来确定其价格的一种定价技巧。声望定价策略在图书定价中的运用一定要谨慎，其应用范围一定要从严控制。诸如前面提到的《中国大百科全书》、《汉语大字典》等，从其社会效益的角度考虑就不宜采用声望定价，因为如采用声望定价，恐不利于扩大其发行量。因此笔者认为，除了少数以珍藏为目的的图书之外，其他绝大多数图书不宜采用这种定价策略。

（4）谐音口彩定价策略。这是指企业根据消费者讨口彩、图吉利的心理，尽可能使商品和服务定价的发音与一些吉祥字、词发音相同或接近的一种定价技巧。该定价策略在港澳市场较为流行，近年来也一度风靡全国各地。应该说，从营销的角度看，谐音口彩定价策略只要有利于图书的销售，只要读者乐意接受，我们的出版企业是可以使用的。但是出版企业对这种策略的效果应该有一个恰当的估计，如果过分地轻信该策略，恐怕它难如己愿。

## （七）图书的折扣策略

折扣，是出版企业、批发企业和图书零售店对图书按定价实行折价销售的实际让价比例。在我国，图书是明码标价的，所以折扣是图书发行企业获得劳动消耗补偿和取得盈利的来源，同时折扣也是图书出版企业、批发企业用以调动批发企业、零售书店乃至广大读者购买图书积极性的重要手段。折扣策略是各类书业灵活运用折扣手段、鼓励图书分销的技巧。

### 1. 数量折扣

数量折扣是指卖方书业根据买方购进图书数量的大小，来给定不同的折扣标准，购进数量越大，折扣越高。数量折扣的目的是鼓励买方大批量购进卖方的图书。虽然随着购进数量的增加，卖方书业让利也越大，但是，随着图书销售量的增加、销售速度的加快，使得卖方的资金周转次数增加、流通费用下降，从而卖方总盈利水平上升，对卖方书业来讲显然是利大于弊的。正因为如此，数量折扣在各国书业界都得到广泛应用。数量折扣，根据其操作方式的不同，可以分为累计数量折扣和非累计数量折扣两种形式。

### 2. 品种折扣

品种折扣是根据不同种类的图书在销售中的难易程度来确定所给折扣的

高低。众所周知，不同类型的图书，其发行难度是不一样的，有些类型的图书发行难度相对较小，如教材、政治学习读物等就属这一类，其目标市场明确，市场需求稳定，因此，发行这类图书所投入的劳动消耗相对较小，并且没有什么太大的经营风险；相反，有一些类型的图书发行难度较大，如我国书业界所指的"一般图书"就属这类情况，由于其目标市场定位较宽，市场需求具有较大的弹性，需要发行企业投入大量的人、财、物力进行强力促销，因此，其发行的成本高、费用大，且风险大。基于这一理由，卖方书业就必须对不同的图书类型分别给予不同的发行折扣。

### 3. 现金折扣

现金折扣是指对在规定期限内提前付款或用现金付款者给予的一种价格折扣。卖方书业为鼓励买方尽早付款，加快资金周转，通常采用这种方式鼓励买方企业以现金或提前付款。

### 4. 季节折扣

图书商品的销售和消费具有一定的季节性，也会表现出旺季畅销、淡季滞销的特征。季节折扣正是卖方书业对淡季购买图书商品的顾客所给予的一种减价优惠。

### 5. 功能折扣

功能折扣，又称交易折扣、同业折扣、商业折扣、贸易折扣，它是指生产企业根据中间商在产品分销过程中所承担的功能、责任和风险，对不同的中间商给予不同的折扣。

### 6. 业绩折扣

图书行业发达的国家的出版社和批发企业经常要对与其长期发生业务往来的批发商和零售书店的经营业绩进行综合评价，然后再根据其经营业绩的不同，以确定对其给予何种折扣策略。在业绩评定中，经营业绩表现突出的，如开拓市场能力强、退货率低、按期结算货款等的中间商，就可以获得比较优惠的折扣；相反，对那些经营业绩较差的中间商，就将给予"惩罚"性的折扣。

活动 5.3

**了解图书营销策略**

**活动目的**：掌握图书商品的营销策略。

**活动步骤**：第一步，认真学习图书市场的策略模式。

第二步，分析每种策略的适用要求。

第三步，能够根据个案分析图书商品需采用哪种策略。

**活动建议**：独立完成。

### 思考与练习

① "布老虎丛书"和"21世纪经济学经典文库"一直得到广大读者的喜爱。② 曹雪芹是人们耳熟能详的知名作家。③ 爱心创作室也创作了不少深受读者欢迎的图书。

### 【问题】

以上属于产品项目品牌的是哪项？

### 课堂作业

1. 为什么要进行图书市场定位？
2. 价格取胜要注意哪些事项？

## 单元内容小结

1. 通过对图书读者的认识，了解图书市场读者的需求变化。

2. 通过对图书市场经营难点的学习，掌握图书市场的多变性。

3. 通过对图书市场策略的了解，学习如何针对不同图书采取不同的市场策略。

# 知识测试题

1. 图书项目管理包括全过程管理和（　　　　）两个方面。

A. 部门管理      B. 资源管理

C. 职能管理      D. 个人管理

2. 下列关于出版物市场购买力的说法中，正确的是（      ）。

A. 一旦消费者个人收入降低，出版物市场购买力会先于一般商品市场下降

B. 只要消费者个人收入增加，出版物市场购买力就会同步增加

C. 出版物市场购买力是消费者的一种观念表现

D. 出版物市场购买力是消费者购买某种出版物的行为表现

3. 出版物市场需求的特征不包括（      ）。

A. 多样性      B. 诱导性

C. 区域性      D. 交换性

4. 影响出版物市场的因素不包括（      ）。

A. 作者分布区域因素      B. 社会文化因素

C. 科学技术因素      D. 教育因素

5. 出版物集体市场的特征之一是（      ）。

A. 交易方式集中      B. 购买力流动频繁

C. 需求结构多变      D. 购买者即使用者

6. 出版单位的目标市场定位策略之一是（      ）。

A. 分散定位      B. 随机定位

C. 风险定位      D. 比较定位

7. 在市场经济条件下，出版活动是（      ）的组合。

A. 作者劳动      B. 精神劳动

C. 公益劳动      D. 物质生产劳动

E. 商业劳动

8. 出版活动对文化发展的影响表现为（      ）。

A. 增进文化积累      B. 促进文化交流

C. 推进文化创新      D. 优化文化选择

E. 加强文化领导

9. 出版物分销业务是指出版物的（      ）。

A. 总发行      B. 批发

C. 分类包销      D. 零售

E. 分区域包销

10. 图书出版社经营的目标体系包括（      ）等。

A. 出书规模与结构      B. 出书定位

C. 岗位设置　　　　　　　　　　D. 赢利能力

E. 获奖品种

11. 出版社的年度出书计划一般要列出（　　　）等。

A. 总品种数　　　　　　　　　　B. 编辑总人数

C. 发行总册数　　　　　　　　　D. 总印数

E. 总印张

12. 图书项目全过程管理包括对图书项目的（　　　）等。

A. 计划设计　　　　　　　　　　B. 出版实施

C. 计划申报备案　　　　　　　　D. 控制分析

E. 效益评估与结算

13. 卖方市场的特征包括（　　　）等。

A. 供给相对不足　　　　　　　　B. 消费者收入提高

C. 价格弹性较小　　　　　　　　D. 价格上升

E. 出版物滞销积压

14. 出版物发行渠道管理的内容包括（　　　）。

A. 渠道交换　　　　　　　　　　B. 渠道传播

C. 渠道调整　　　　　　　　　　D. 渠道跟踪

E. 渠道激励

15. 某出版社创办不久，为在市场上较快地站稳脚跟，宜采用（　　　）策略进入目标市场。

A. 强化定位　　　　　　　　　　B. 首席定位

C. 避强定位　　　　　　　　　　D. 分散定位

# 单元技能测试记录表

| 鉴定内容 | 图书营销策略 | 鉴定方法 | 实 作 | 鉴定人签字 | |
|---|---|---|---|---|---|
| 关键技能 | | 操作程序 | | 鉴定结果 | |
| | | | | 通过 | 未通过 |
| 1. 掌握图书市场构成要素<br>2. 认识图书市场细分 | | 在所学知识的基础上，掌握图书营销策略 | | | |
| 鉴定者评语： | | | | | |
| 鉴定成绩 | | 鉴定时间 | | 被鉴定<br>人签字 | |

## 单元课程评价表

姓名：_____          日期：

当你完成了本单元的学习，我们希望你能对下面的项目提出你的建议。

| 请在相应的栏目内打钩 | 非常同意 | 同意 | 没有意见 | 不同意 | 非常不同意 |
|---|---|---|---|---|---|
| 1. 这一单元使我对图书市场构成要素有了很好的认识 | | | | | |
| 2. 这一单元帮我了解了图书市场应该如何细分 | | | | | |
| 3. 我学习这单元后对图书营销策略有了基本认识 | | | | | |
| 4. 我现在对尝试学习下一单元更有自信了 | | | | | |
| 5. 我掌握了本单元要求的基本技能 | | | | | |
| 6. 该单元的内容和活动对我很有帮助 | | | | | |
| 7. 教师待人友善、愿意帮忙 | | | | | |
| 8. 该单元的教学让我做好了参加鉴定的准备 | | | | | |
| 9. 该单元的教学方法对我学习起到了帮助作用 | | | | | |
| 10. 该单元提供的信息量正好 | | | | | |
| 11. 评估与鉴定公平、适当 | | | | | |

你对将来改善本单元的教学有什么建议？

_____

_____

# 能力单元六

# 图书出版法律问题

## 单 元 概 述

### 一、单元能力标准

| 能力要素 | 实作标准 | 知识要求 |
|---|---|---|
| 1. 认识图书出版管理规定<br>2. 学会如何处理图书出版中遇到的法律问题 | 1. 了解出版管理内容<br>2. 知道出版管理原则<br>3. 掌握如何进行版权保护<br>4. 避免侵权 | 1. 出版管理概述<br>2. 著作权<br>3. 出版合同 |

### 二、单元学习目标

学习者能够熟悉出版管理内容，并能运用所学知识区分作品归属权及避免图书出版中的侵权问题。

### 三、单元内容描述

认识出版管理发展；了解出版管理内容；掌握图书出版中的各种法律归属；学会运用法律武器保护版权。

### 四、学习本单元的先决条件

学习者具备一定的听、说、读、写能力；具有一定的判断思维能力，并

善于思考，能按照教师制定的活动程序完成"任务"。

## 五、单元学习资源

| 学习参考资料 |
| --- |
| 《出版管理条例》 |
| 《电子出版物管理规定》 |
| 《音像制品管理条例》 |
| 《著作权集体管理条例》 |
| 《信息网络传播权保护条例》 |
| 《中华人民共和国著作权法实施条例》 |

## 六、单元学习方法建议

可采用小组讨论法进行教学，也可以采用任务导向式的方法进行学习，尽可能多地带领学生现场实作，课堂上教师讲授的时间原则上控制在教学时间的 1/2 以内，充分利用学生之间的互相学习和任务完成达到机能学习的目标。每一个单元结束后，必须安排鉴定与测试，同时用统一的问卷收集信息反馈，分析教学情况并作出及时的调整。

## 任务一　了解出版管理内容

### 走进课堂

某出版社具有出版专业中级职业资格的编辑甲，接到某大学教授乙推荐的由张、王两作者主编的书稿《中国普通高校名录》，阅后认为该书稿能取得良好效益，就向社长作了汇报。社长当即决定将该书列入当年出版计划补报备案，并委托教授乙初审和编辑加工。甲复审书稿并签字后，作为快件发稿至出版部。技术编辑当天完成版式设计，随后连同社外美术编辑完成的封面设计电子文件发往印刷厂，排版后即出胶片正式印制。

## 一、出版管理起源

出版管理的历史源远流长。在我国，早在秦代就留下了政府对出版管理的记载。公元前 221 年，秦始皇统一六国之后，采纳了李斯"焚书坑儒"的建议，对《诗》《书》、诸子百家之书实行焚毁，而保留医、药、卜筮、种树之书，这是我国政府对图书生产与流通实行管理的最早记载。隋唐以后，随着雕版印刷术的发明和越来越广泛的应用，政府对出版的管理越来越重视。835 年，唐文宗下令敕诸道府不得私置印版。到宋代，政府对出版活动的管理已相当广泛，措施也很严密。1090 年，宋哲宗令礼部拟定出版管理办法，规定：凡议时政得失、边事军机文字，不得写录传布；国史、本朝会要、实录，不得传写和印刷。其他书籍，若要印刷出版，程序也很严格，首先要有选官审定，凡有益于学者方许出版，戏亵之文，不得雕印。书目确定后送秘书省备案，委州县监司、国子监觉察。元代、明代、清代政府也都曾对图书的出版、流通等做过大量的管理工作。

在国外，政府对出版的管理亦有相当长的历史。英法等国都曾对出版实行严格的特许制和检查制。如在 16 世纪初期，英王亨利八世就颁布命令，禁止外国出版商的出版活动，保护本国出版商。他是英国进行出版管理的第一位皇帝。同时期，法国的皇帝也开始对出版进行管理，他下令禁止印书，违者处以死刑。

## 二、出版管理概念

出版活动具有极广泛的文化影响，因而在生产和流通过程中，必定要服从社会的管理、制约。这种管理、制约主要来自三个方面：① 司法部门，依据本国的法律、法规进行监督；② 行业组织，按照行业公认的原则进行协调；③ 政府专设的出版管理行政机构，出于国家统辖出版事业和出版活动的要求，实行规划、协调、规范和监督。

出版管理是整个文化工作的一部分。出版管理有宏观管理，也有微观管理；有对出版部门的管理，也有对社会上非法出版活动的管理。对出版部门的管理，有坚持出版方针政策的管理，也有经济活动和业务活动的管理。出版管理是一项专门学问，涉及多种学科。出版管理探索自身在社会发展进程中的运动规律，研究生产力的合理组织，生产关系的正确处理，管理思想和管理方法的不断改进，以增进出版物的社会效益和经济效益，为社会主义精神文明和物质文明建设贡献力量。

出版管理有宏观管理和微观管理两类，一般来说，国家、政府、行业组织的管理为宏观管理，出版企业内部的管理为微观管理。但是这种划分并不是绝对的，例如政府部门、行业组织，它们的管理行为，并不一定都是宏观管理行为，它们也进行某些微观管理工作；而小的出版管理者，如出版企业的管理者，他们的管理工作，也不尽是微观的管理工作，其中也有若干宏观管理的内容。

总之，出版管理，是政府机构、行业组织或出版企业为实现一定的目标而对出版全过程（包括编辑、印刷、发行、物资供应、教育、科研等）的一切活动及与出版业相关的部门（如工商、税务、运输、邮政等）进行计划、组织、指挥、协调、控制和监督等的总称。

## 三、出版管理意义

出版是一项可以产生广泛、深远社会影响的文化活动和经济活动，因此，对出版进行管理，具有社会的、政治的、经济的等多方面的意义。

出版管理是维护统治阶级利益的需要。出版活动是一项政治性很强的宣传活动和文化活动，它既有为全社会、全民族、全人类服务的社会性，又有为一定阶级所掌握、所利用的阶级性；它既可以生产增强民族凝聚力、激励人们奋发向上的社会效益很好的作品，又可以制造出涣散民族意志、破坏民族团结的社会效益极差的精神垃圾，因此，任何国家、任何阶级都不会放弃或者放松对出版业的管理。

出版管理是出版业健康发展的有力保证。出版业在发展过程中，都会遇到许多问题，如淫秽、色情出版物屡禁不止；非法出版活动猖獗，一些不法书商假冒出版单位或伪造出版单位非法制造出版物，或盗印正式出版物，严重扰乱出版物市场，冲击合法出版物的生产与销售；泄露国家机密，危害国家安全；某些出版者见利忘义，片面追求经济效益，导致低级、庸俗出版物充斥市场。这些问题的出现，首先从整体上损害了出版业的外部环境。其次，导致出版业内部的混乱、无序，合法、守法的出版者得不到应有的保护，违法、非法的出版行为得不到应有的惩罚，出版业健康有序的发展受到极大的威胁与损害。因此，必须加强出版管理。

出版管理是出版业自身发展的必然要求。从出版业的外部环境来说，政府部门，如工商、税务、公安、文化等与出版业的关系日益密切；各种社会团体，如学术团体、青年组织、妇女组织等对出版的影响也在不断增加；出版业与国外的合作、交流更加频繁。这些都需要进行组织、协调，争取社会各界对出版业的发展给予必要的理解、合作、支持。从出版业的内部来讲，图书生产的环节日益增多，一部图书的出版要经过选题策划、稿源组织、编辑加工、排版、校对、印刷、装订、宣传、发行等十多个环节和部门才能送到读者手中，没有组织协调是难以顺利完成的。另外，近年来出版事业飞速发展，新的出版载体迅猛增加，使出版业的发展出现了许多新情况，也要求加强出版管理。

## 四、出版管理原则

### 1. 政治原则

出版工作是宣传思想工作的一个重要组成部分，许多出版物，特别是社会科学方面的出版物，大都具有一定的政治倾向性，大都要体现、宣传一定的政治思想、政治主张、行为规范、道德准则等，所以任何国家、任何时代的出版管理工作都不可能回避政治原则，社会主义市场经济条件下的出版管理更是如此。我国出版管理的政治原则就是：确保出版工作为人民服务，为社会主义服务，为改革开放和经济建设服务；坚持社会效益放在首位，坚持社会效益和经济效益相统一；坚持"百花齐放，百家争鸣"。

### 2. 有效原则

这是出版管理的最基本的原则，无效就等于没管。出版管理是否有效，不是看出版管理机构制定、下发了多少规定、指示、命令，不是看出版管理部门或出版管理者做了哪些管理工作，而是要看管理措施是否得到了贯彻、落实，是否达到了预期的效果。比如，对买卖书号、版号的管理，不是看做了多少规定，下发了多少文件，召开了多少会议，而是要看买卖书号、版号的行为是否被制止。再如，对"扫黄""打非"的管理，不仅要看查抄了多少黄色出版物和非法出版物，更要看制黄贩非的活动是否受到遏制。有效原则要求出版管理机构的行为要有效，出版管理机制有效率，出版管理人员精干。

### 3. 效益原则

这里的效益是指社会效益和经济效益。出版业具有明显的双效特征，所以，出版管理一定要照顾到两个效益。坚持把社会效益放在首位，争取两个效益均达到最佳。出版业作为产业，出版社作为企业，担负有创造经济效益的社会责任，不创造经济效益，就失去了其存在与发展的物质基础，相应也就没有出版业的社会地位。同时，出版工作又是一项影响广泛的社会活动和文化活动，它要受到国家政治、法律、宗教、道德、风俗等多方面的影响与制约，不顾及社会效益的出版行为最终必将损害其经济效益。因此，社会效益和经济效益是出版工作两个不可分割的组成部分，出版社、出版管理者只注重一个效益的行为，不健康的出版行为或管理行为。

### 4. 能级原则

所谓能级原则就是根据法规、机构、人员的不同作用和不同能量，建立起一定的秩序和规范，形成比较稳定的出版管理结构。处在不同能级上的法规、机构、人员，承担不同的管理职能和任务，享有不同的权力和利益，不同能级之间按照一定的次序排列，不能随意交叉和打乱。如中央一级的出版管理机构负责全国的出版管理工作，省一级的出版管理机构负责全省的出版管理，市一级的出版管理机构负责全市的出版管理，各级出版管理机构的职、权、责、利分明。

### 5. 反馈原则

反馈是控制论中的重要概念。控制系统把信息送出之后，其作用结果能够反馈回来，以影响下一个信息的输出。没有灵敏的、正确的反馈，就不能及时、准确地发出下一个指令。因此，必须建立公正、负责、全面的反馈网络体系。在出版管理中，应特别注意反馈信息的全面、完整，切不可把局部的、少量的反馈信息当做全部的信息，从而影响出版管理决策的正确性。

### 6. 系统原则

出版管理的对象，即编辑、印刷、发行、物资供应、教育、科研、外贸等环节，都不是孤立地存在的，它们共同构成了一个完整的出版系统，每一个管理指令均会对系统内的所有子系统产生不同的影响。因此，在实施管理时，既要考虑对某一个子系统的影响，又要考虑到对整个系统的影响。只对局部有利而对全局不利的管理行为是不成功的。系统原则要求从系统的、长远的利益出发，同时顾及局部的、眼前的利益，但不能因为局部的、眼前的利益而损害全局的、长远的利益。

### 7. 科学原则

从管理到管理科学，经历了一个漫长的发展过程，与过去主要依靠经验管理不同，现代管理是建立在科学的基础之上的。科学原则要求，出版管理机构或出版管理者的管理决策，不再是依靠一两个人的经验，依靠个别人的"拍脑袋""突发奇想"，而是在全面的调查研究，掌握大量的、全面的、真实的信息基础之上，在专家的直接参与之下，集合集体的智慧后作出的，只有这样才能保证决策的科学性。

## 五、出版管理内容

### 1. 制定、实施有关的法律和行政法规

出版业必须有各种制度保证才能健康地发展。出版管理的一项重要工作就是制定各种法律规章制度并监督其贯彻执行。新中国成立以来，我国的立法机构、出版行政管理机构已经制定、实施了大量的出版管理法规，如由国家立法机构——全国人民代表大会及其常委会制定的法律、法规，由最高国家行政机关——国务院（政务院）制定的行政法规、决定和命令，由国家出版管理行政机关发布的指示、规定和通知等。另外，许多省市的立法机构、出版行政管理机构也制定了大量地方性出版管理法规。

### 2. 制定发展战略或发展规划

出版业的发展不能是盲目的、毫无目标的。出版管理的重要任务之一，

就是要根据不同的时期、不同的情况，制定不同的发展目标和发展规划，并动员和组织各种力量实现此目标和规划。发展战略或发展规划，有长期、中期、短期之分，实现的难易程度不同，但重要的是通过制定发展战略或发展规划，引导出版业每隔一段时间都能跃上新的台阶。

从中国共产党召开十一届三中全会以来，我国出版行政管理机关曾经制定了许多出版业的中长期发展规划，如 1978 年全国科协、国家出版局曾制定了《1978—1985 年全国重点科普图书出版规划》，同年国家出版局制定了《1978—1980 年部分重点少儿读物出版规划》，1991 年新闻出版署制定了《出版事业"八五"计划及十年发展规划》，1996 年新闻出版署又制定了《新闻出版事业"九五"计划及 2010 年长远规划》。

### 3. 管理出版人才与出版教育

出版人才是出版业兴旺发达的关键。对出版人才的培养和使用是出版管理的内容之一。出版人才管理要贯彻以人为本的精神，充分解放出版人才的生产力，调动他们的积极性和创造性。一是要尊重出版人才，给出版人才一定的政治、学术地位，认真听取、采纳他们的合理化建议；二是要关心和爱护出版人才，给他们创造良好的生活和工作条件；三是大胆使用出版人才，使他们有用武之地；四是要采取多种形式培养出版人才，出版人才不会自发生成，要采用正规教育、业余教育、继续教育等相结合的办法，为出版业的发展源源不断地输送合格的人才。

### 4. 管理出版物市场

在社会主义市场经济条件下，出版物市场对出版业发展的影响越来越大。出版物质量的高低，出版企业经营管理的好坏，都要经过出版物市场的评判。但是，随着出版事业的不断发展壮大，出版市场的竞争日趋激烈。进入出版物市场的出版物品种迅猛增加，出版物的形式也发生了新的变化。因此，出版管理者必须加强对出版物市场的管理，防止出现不平等竞争、过度垄断等有碍市场健康发展的行为。另外，随着我国改革开放的不断深入，我国与外国交往的增多，国外的淫秽、色情甚至反动的出版物也会通过种种形式流入我国出版物市场，加上国内一些不法书商制造、贩卖色情、淫秽甚至反动的非法出版物，使我国出版物市场面临着日趋复杂的形势。因此，规范我国的出版物市场，纯洁和净化我国的出版物市场，已成为出版管理的重要内容。

## 5. 管理出版物质量

出版物质量既关系出版业的社会效益，也关系经济效益，是出版管理的核心内容。出版管理者应通过出版物质量检测、评估和保障体系，引导出版物质量不断提高。出版物的质量包含三个层次：一是出版物的内容质量，这是评判出版物质量的基础或根本，只有好的内容，才能赢得读者，才能传之于世；二是出版物的编校质量，一个出版物，内容虽好，但句法不适，错字连篇，使人不忍卒读，再好的内容也难以发挥好的效用；三是印装质量，它是对内容质量、编校质量的保证与支持。这三种质量对出版物来说是缺一不可的，某一方面或某两个方面质量好的出版物都不能成为质量好的出版物。我国出版行政管理机关历来非常重视出版物质量的管理，2004 年 12 月 24 日新闻出版总署颁布了新的《图书质量管理规定》，同时废止了 1997 年发布的试行的《图书质量管理规定》。在新的《图书质量管理规定》（详见本书附录）中图书质量的分级和标准更加明确和易于操作，图书编校质量差错率的计算方法更加科学合理。

## 6. 管理国际交流

国际经济、贸易一体化进程的加速发展和我国加入 WTO，不仅为我国利用国际出版资源开拓了更加广阔的前景，而且也为我国出版业走向世界提供了千载难逢的时机。面对不断扩大的出版业的国际交流与渗透，出版管理的责任与担子不是减轻了，而是加重了，对出版管理的要求不是减少了，而是增多了。要管理好国际交流，就必须对国际交流的意义有全面的认识。出版的国际交流，既是一项文化工作、宣传工作，又是一项经济工作。我们各级出版管理机构，应该高度重视国外出版物市场的开拓与建设，加强对出版物出口工作的鼓励与扶持，使我们出版物的输入与输出共同发展。

## 7. 制定产业组织政策

任何产业的发展都离不开相应的产业组织政策，出版产业也不例外。在计划经济体制时期，我国出版业作为单纯的事业，没有产业组织政策可言。现在，我们正在向社会主义市场经济体制迈进，出版业中的许多问题，如出版、印刷、发行企业之间的人均利润过于悬殊，出版企业之间的竞争机会极不平等，出版企业的规模经济效益不高，等等，这些都需要制定产业组织政策来加以解决和调控。特别是我国加入 WTO 之后，为了适应参与国际竞争和追求出版规模效应的需要，国家新闻出版总署又积极引导出版业组建出版集团，使出版业的产业组织形式发生了根本的变化，制定科学的产业组织政策显得更为重要。

---

**活动 6.1**

**认识出版法律法规**

**活动目的：**掌握出版管理条例，学习出版法律法规。

**活动步骤：**第一步，收集有关出版条例和法律文件；

第二步，认真阅读出版法律法规；

第三步，熟悉并记忆常用法律规定。

**活动建议：**独立完成。

---

## 思考与练习

近年来，利用网络平台销售盗版图书的现象屡禁不止，销售数额庞大。由于销售分散、手段隐蔽、取证困难，出版社想要维权困难重重。2012年6月8日，"京版十五社反盗版联盟"代表30家出版社与淘宝网在杭州共同签署了《加强版权保护合作备忘录》，通过"知识产权保护平台"，加强电子商务领域的图书版权保护。一年多来，双方联手查处网站数千家，关闭网店数百家，删除链接数万条，有效阻止网络销售盗版图书码洋达3 000 余万元。此次签约，是为了细化与完善合作模式，通过合作来实现与线下打假相配合，达到全方位多角度的版权保护，净化网络环境。

## 【问题】

以上案例反映了出版管理的哪些内容？

## 课堂作业

1. 出版管理的原则是什么？
2. 出版管理内容有哪些？

# 任务二　规避著作权侵权风险

**走进课堂**

1996 年 12 月，明河版权代理公司与文化艺术出版社签订了"评点本金庸武侠小说全集出版合同"，该合同约定，明河版权代理公司授权文化艺术出版社在中国大陆及港台地区出版发行金庸作品中文版本的评点本全集，文化艺术出版社除合同规定项目外，不再拥有其他延伸权利，所有原著延伸或附属权利全部属于明河版权代理公司。1997 年 10 月，文化艺术出版社未经许可，超出"评点本合同"的许可范围，擅自与云南人民出版社联合出版了"新派武侠精品评点丛书"《天龙八部》。1998 年 4 月，原告在中国科技图书公司购得该书，认为该书的出版发行侵犯了两原告的著作权、专有印刷、出版和销售权，因此要求三被告停止侵权，赔礼道歉，并赔偿 19 万元。

**思考与提示**

图书出版中的侵权行为是怎样发生的？

## 一、签出版合同，明确条款性质和法律责任

出版单位与作者签订的出版合同，是就著作权中某项或多项财产权的使用而达成的一种著作权许可使用合同。签订时需明确作品授予的使用权性质、作品的使用方式和所涉权利种类等。只有合同约定准确、清楚，符合法律规定才生效，否则，不仅出版单位使用后易造成侵权，而且作者仍然有权再次行使自己的著作权权利，授权其他出版单位同样使用。

期刊出版单位以出版方式使用作品，一般并不与作者签订书面出版合同，而是以作者主动投稿（或者接受约稿并且将稿件交给期刊出版单位）的行为来表示将该作品的出版权以及汇编权授予期刊出版单位。所以，除非作者投稿时特意以书面形式表明该作品在某一特定时间内只允许该期刊出版单位使用，并随作品附带发表了禁止他人转载、摘编的声明（作出禁止转载声明的

主体应是著作权人；作出声明的方式是著作权人自己或者委托期刊社发表声明，并且应在期刊刊登作品时就附带作出），否则期刊出版单位获得的出版权就只是非专有出版权。

出版单位与作者签订出版合同时，在对作品的使用方式和所涉权利种类等明确说明的情况下，特别要注意明确作品的使用权性质，即是专有使用还是非专有使用，出版单位因此而涉及的著作权侵权案屡见不鲜。

## 二、审稿，对内容及其来源严格把关

书刊稿件内容来源有两类：第一类为作者原创或作者少部分引用他人出版物中的文献资料，以表达自己的思想感情，说明自己对新问题、新道理的见解创作而成——原创作品；第二类为作者使用他人全部作品或大量运用他人的作品、出版物中相应文献资料创作而成——翻译作品、纪实作品、汇编作品。

在出版工作的审稿过程中，必须特别注意：对于原创作品，需取得原创作品著作权人的许可使用授权，若其中涉及使用其他出版物相应内容，除客观事实外（著作权只保护客观事实表达方式，不保护客观事实本身），必须符合"合理使用"或"法定许可"的要件，并注明文献资料的来源；对于翻译作品，除需取得译者的许可使用授权之外，还需取得原著著作权人的许可使用授权（含其中的图片等资料许可使用权），并要在出版物封面上署上其姓名和国籍；对于纪实作品、汇编作品，除需取得纪实作品和汇编作品著作权人的许可使用授权之外，对作品中所涉及的私人信函、诗文、图片以及被汇编的各篇文章，还需分别取得相对应著作权人的许可使用授权。否则，一旦出版，就构成著作权侵权。

法律要求出版单位、报刊社要履行合理注意义务，即必须对授权人的权利主体资格进行审查；疏于审查即为过失，应承担相应法律责任。出版单位应该对稿件是否确实由真正的著作权人授权使用、作品上的署名是否出自著作权人的真实意愿、作品中的内容是否存在剽窃他人作品等情况多加注意，尽量通过各种途径予以核实，并保留一定的证据，以便必要时顺利履行举证责任。

## 三、用图片要取得授权

书刊整体设计是一门艺术。它要运用形象、图案、色彩等艺术手法，利用先进的科学技术手段与物质材料，反映书稿的内容、气质和风格，体现出版单位的风貌和特色，是一种创造性劳动。

在书刊的整体设计中，图书外部装帧和内文版式的全面设计，时常使用图片图案作为插图，或是作为图片插页，或是作为封面图案。无论用于何处，出版者都应该充分尊重权利人，要注意重视与使用照片相关的下列三个问题。

一是要取得照片著作权人的授权并按授权条件使用。

无论是将图片用于广告还是非广告，只要该图片仍在著作权保护期内，就应该根据我国《著作权法》的规定，得到著作权人的授权。取得著作权人授权时，应注意一个极具实践性的问题，即须确认得到的是真正著作权人的授权，否则，取得的授权也是无效的。

确认授权人具有相应权利后，应当签订书面授权协议，并写明授权使用的作品名称、授予使用人的权利、授权使用的范围、使用作品的载体、使用费的多少及支付方式、使用人可否将权利转让或转授他人使用等事项。特别要注意的是，授权协议中必须包含"权利保证"和相应的"违约责任"条款。

二是要注意著作权和肖像权的竞合。

著作权和肖像权的竞合在照片里表现得尤为突出。一般来说，摄影者对照片享有著作权，而照片中的人物则享有自己的肖像权。著作权和肖像权是两种平行的民事权利，不存在孰高孰低之分。通常情况下，出版单位在使用人物照片时，应当取得著作权人和肖像权人的双重许可，否则就构成侵权。

三是要明了发表"联系作者声明"不影响对著作权侵权的认定。

一些出版单位在未经授权使用图片之后，往往在出版物上附加一条"联系作者声明"，其内容一般类似于"部分图片在使用时无法与作者取得联系，希望作者见后与本社联系，本社将支付稿酬"。实际上，这类"联系作者声明"对认定照片的使用是否侵权并没有影响，因为只要未经著作权人许可而擅自使用其作品，且又不符合"合理使用"或"法定许可"的要件，就构成著作权侵权。

活动 6.2

## 避免出版侵权行为

**活动目的：** 掌握出版法律法规，能通过出版案例收集了解出版侵权行为。

**活动步骤：** 第一步，收集一至两个有关出版法律案例。

第二步，认真分析案例并给同学讲解。

第三步，总结出版侵权案例的知识内容。

**活动建议：** 独立完成。

### 思考与练习

D 公司原总裁 K 曾向书法家 G 求赠一幅书法作品，G 应其请求书赠，还题款 "K 先生正"，并盖了自己的名章和闲章。后 D 公司编写了一部介绍本公司发展情况的书稿，交由 M 出版社出版。书稿将付印时，D 公司又经已退休的 K 同意而将 G 所赠书法作品送到 M 出版社，要求把它印在封面上并用作插页。M 出版社同意照此办理。但是在制作过程中，M 出版社认为作品上的题款和 G 的闲章不宜印到书上，征得 D 公司同意后便在排版文件中用图像加工技术将其去除。该书出版后，M 出版社及时向 G 邮寄了样书和相应的报酬。G 看过样书后，十分气愤，不但拒不接受 M 出版社付给的报酬，并且一纸诉状将 K、D 公司和 M 出版社告上法庭。法院判决三被告的行为构成著作权侵权。

### 【问题】

1. 为什么说 K 侵犯了 G 的著作权？
2. 为什么说 D 侵犯了 G 的著作权？

### 课堂作业

1. 什么是著作权？
2. 出版合同包括哪些内容？

## 单元内容小结

1. 通过对出版管理规定的学习，了解出版管理的内容和原则。
2. 通过对著作权法的学习，掌握图书出版过程中著作权的使用问题。
3. 通过对盗版问题的了解，学习如何保护作品不受侵犯。

# 知识测试题

1. 某影视制作公司拍摄的电影《龙舟的故事》系由张某的同名小说改编而成。改编创作未经张某同意，也未向张某支付报酬。影片注明"根据张××的同名小说改编"。张某对影视公司的做法不满。请你指出影视公司的行为属于（　　　）。

  A. 侵犯张某的著作权    B. 属于合法的创作行为

  C. 行使改编权、摄制权   D. 侵犯张某财产所有权

2. 李某系某公司软件开发部经理，为完成公司工作任务而组织设计完成了一个教育软件，李某为负责人。对该教育软件著作权的说法哪一项正确？（　　　）

  A. 著作权由部门全体人员享有

  B. 著作权由李某享有

  C. 著作权由公司享有

  D. 没有著作权，不属于著作权法所说的作品

3. 甲网站与乙唱片公司签订录音制品的信息网络传播权许可使用合同，按约定支付报酬后，即开展了网上原版音乐下载业务。对甲网站的行为应如何定性？（　　　）

  A. 是合法使用行为

  B. 构成侵权行为，因为该行为应取得著作权人的许可，而不是取得录音制作者的许可

  C. 构成侵权行为，因为该行为还须取得著作权人、表演者的许可并支付报酬

  D. 构成侵权行为，因为该行为虽然无须取得著作权人的许可，但必须取得表演者的许可

4. 某歌厅购买了若干正版卡拉 OK 光盘后，未经任何人的许可，直接将

该光盘用于其经营活动。对该歌厅的行为应如何定性？（　　　）

    A. 合法使用　　　　　　　　B. 合理使用

    C. 法定许可使用　　　　　　D. 侵权行为

  5. 某电视演员因一儿童电视剧而出名，某公司未经该演员许可将印有其表演形象的宣传海报大量用于玩具、书包、文具等儿童产品的包装和装潢上。对该公司的行为应如何定性？（　　　）

    A. 侵犯了制片者的发表权　　B. 侵犯了该演员的表演者权

    C. 侵犯了该演员的肖像权　　D. 侵犯了该演员的复制权

  6. 甲为摄影家乙充当模特，双方未对照片的发表和使用作出约定。后乙将甲的裸体照片以人体艺术照的形式出版发行，致使甲受到亲朋好友的指责。对此，下列哪一种说法是正确的？（　　　）

    A. 乙发表照片侵犯了甲的隐私权

    B. 乙发表照片已取得甲的默示同意，不构成侵权

    C. 甲是照片的合作作者，乙发表照片应向其支付报酬

    D. 乙是照片的著作权人，出版发行该照片是合法行使著作权的行为

  7. 甲、乙共同创作完成一部小说，甲主张发表，乙不同意。后乙死亡，有一继承人，后甲将该小说发表，下列说法哪一个是错误的？（　　　）

    A. 乙生前不同意发表该小说，甲无权发表

    B. 发表该小说的稿费全部由甲获得

    C. 该小说的使用权保护期应截止于甲死亡后第 50 年的 12 月 31 日

    D. 甲不能剥夺乙的署名权

  8.（多选）某影视中心在一电视连续剧中为烘托剧情，使用播放了某正版唱片中的部分音乐作品作为背景音乐。中国音乐著作权协会（音乐作品著作权人授权的集体管理组织）以该使用行为未经许可为由要求制片人支付报酬。该协会的要求被拒绝后，遂向法院起诉。下列说法哪些是错误的？（　　　）

    A. 播放行为是合理使用行为

    B. 播放行为侵犯了音乐作品著作权人的表演权

    C. 播放行为侵犯了录音制品制作者的播放权

    D. 中国音乐著作权协会不是正当原告

  9. 下列关于民事权利的表述哪一个是错误的？（　　　）

    A. 抵销权是一种形成权　　　B. 知识产权是一种支配权

C. 债权请求权不具有排他性　　　D. 支配权不存在对应义务

10.（多选）某影楼与甲约定："影楼为甲免费拍写真集，甲允许影楼使用其中一张照片作为影楼的橱窗广告。"后甲发现自己的照片被用在一种性药品广告上。经查，制药公司是从该影楼花 500 元买到该照片的。下列说法哪些是正确的？（　　　）

A. 某影楼侵害了甲的肖像权

B. 某影楼享有甲写真照片的版权

C. 某影楼的行为构成违约

D. 制药公司的行为侵害了甲的隐私权

# 单元技能测试记录表

| 鉴定内容 | 图书出版中的侵权行为 | 鉴定方法 | 实作 | 鉴定人签字 | | |
|---|---|---|---|---|---|---|
| 关键技能 | | 操作程序 | | | 鉴定结果 | |
| | | | | | 通过 | 未通过 |
| 1. 掌握出版基本法律法规 | | 在所学知识的基础上，学会如何规避著作权侵权风险 | | | | |

鉴定者评语：

| 鉴定成绩 | | 鉴定时间 | | 被鉴定人签字 | |
|---|---|---|---|---|---|

# 单元课程评价表

姓名：_____    日期：_____

当你完成了本单元的学习，我们希望你能对下面的项目提出你的建议。

| 请在相应的栏目内打钩 | 非常同意 | 同意 | 没有意见 | 不同意 | 非常不同意 |
|---|---|---|---|---|---|
| 1. 这一单元使我对图书出版的法律法规有了很好的认识 | | | | | |
| 2. 这一单元帮我了解了如何运用法律武器维护作者的权利 | | | | | |
| 3. 我学习这单元后对著作权有了基本认识 | | | | | |
| 4. 我现在对尝试学习下一单元更有自信了 | | | | | |
| 5. 我掌握了本单元要求的基本技能 | | | | | |
| 6. 该单元的内容和活动对我很有帮助 | | | | | |
| 7. 教师待人友善、愿意帮忙 | | | | | |
| 8. 该单元的教学让我做好了参加鉴定的准备 | | | | | |
| 9. 该单元的教学方法对我学习起到了帮助作用 | | | | | |
| 10 该单元提供的信息量正好 | | | | | |
| 11. 评估与鉴定公平、适当 | | | | | |

你对将来改善本单元的教学有什么建议？

_____

_____

能力单元七

# 编辑应了解的图书版权贸易

## 单元概述

### 一、单元能力标准

| 能力要素 | 实作标准 | 知识要求 |
|---|---|---|
| 1. 了解版权的概念<br>2. 学会运用知识产权 | 1. 知道版权贸易的概念<br>2. 掌握版权贸易的特点<br>3. 了解现在我国版权贸易的现状 | 1. 版权<br>2. 版权贸易<br>3. 知识产权 |

### 二、单元学习目标

学习者能够掌握什么是版权贸易以及知识产权的定义和范畴，并能了解现阶段我国版权贸易的概况。

### 三、单元内容描述

版权及知识产权；版权贸易。

### 四、学习本单元的先决条件

学习者具备一定的听、说、读、写能力；具有一定的判断思维能力，并善于思考，能按照教师制定的活动程序完成"任务"。

## 五、单元学习资源

学习参考资料

中国版权保护中心：http://www.ccopyright.com.cn

中华人民共和国国家新闻出版社广电总局：http://www.gapp.gov.cn

中国图书对外推广网：http://www.cbi.gov.cn

## 六、单元学习方法建议

可采用小组讨论法进行教学，也可以采用任务导向式的方法进行学习，尽可能多地带领学生现场实作，课堂上教师讲授的时间原则上控制在教学时间的 1/2 以内，充分利用学生之间的互相学习和任务完成达到机能学习的目标。每一个单元结束后，必须安排鉴定与测试，同时用统一的问卷收集信息反馈，分析教学情况并作出及时的调整。

## 任务　如何引进国外优秀著作

### 走进课堂

著名畅销书《学习的革命》《穷爸爸富爸爸》《谁动了我的奶酪》等书籍是怎样引进国内的？

### 思考与提示

1. 你知道什么是版权吗？
2. 怎样看待版权贸易在出版中的地位？

## 一、版权贸易的概念

版权贸易是通过对已有版权作品的使用而产生贸易的行为。它是由著作权人将其对作品拥有的部分或全部经济权利（客体）通过许可、转让等方式授权给使用者而产生的。属于许可证贸易范畴，也是一种无形财产贸易。版权贸易是属于许可证贸易范畴内的一种基于版权的经济权利的许可或转让过程中发生的贸易行为。究其本质，也是贸易行为的一种，所以单列于其他贸易行为，不外是因为其贸易的标的对象不同而已。简单地说，凡是通过作品的版权许可或转让行为获利的贸易行为就是版权贸易。实物贸易是通过货物买卖行为获利的交易，在版权贸易这里不过是将实物所有权变为无形财产权中的版权而已。一般说来，版权贸易过程中许可或转让的主要是著作权人（"著作权"完全等同于"版权"，下略）的经济权利。从广义上讲，版权许可或转让行为过程中的当事人无论是否在同一地域、或为同一国籍，都可以称作版权贸易。但在实践中，我国业界所称的版权贸易习惯上是狭义的概念，主要指国际间或不同地区间的涉外版权贸易行为，通常指著作权人与使用者不在同一国家或地区的情况。即，国内的作者与国内的出版社间的版权交易行为不在此之列。一本书或其他产品的输出或引进，无论是从其社会影响，还是其产生的经济效益，都是不容忽视的。

## 二、我国图书版权贸易的现状

### 1. 版权贸易立体开发的多元化

在国际图书市场上，出版商们不仅仅出版图书，更注重图书商品的多元化开发，使优秀的图书由单一的图书品种，衍生出多种类多层次的品种。对于这一点，国内的出版社已开始重视并加以实践，如人民文学出版社在引进"哈利·波特"系列图书的同时，就进行了相关多品种开发，如专门成立了"哈利·波特"工作室，开发"哈利·波特"明信片、画报、立体画册、填色书等各种外延产品。这种多元品种的开发造成了与主打品种的互动，对主打品种是一个有力的宣传，并形成了更大面积的影响和效益。另外，我们在签订版权合同时，还应注意该版权的邻接权有哪些可以为我们所用，如相应的电子出版物出版权，其他文字、语种出版权，对此最好是一次性与版权方谈判商定。如辽宁教育出版社在引进优秀图书时，更注意引进国外先进的管理方法、市场营销以及运作手段。由于选题具有各自的特性，在合作过程中，不仅可以通过版权买卖来完成合作，还可以根据不同的情况采取更灵活、更有效的多元化的合作方式，以便最有效地利用国外出版资源。

### 2. 图书版权贸易亟待规范化

规范地进行版权贸易，重信誉、守诚信是提高版权贸易质量和效率的必要保证。首先是版权贸易中的诚信问题。"诚信"危机将导致交易成本上升，直接后果就是授权方不断提高版税。现在，版权贸易中出现了诸如没有得到合法授权就出版，或者抱着侥幸心理出版汇编作品，又或者欺瞒印数不结版税等现象，都是诚信缺乏的表现。其次，哄抬版税、恶性竞争也成为业内一大公害。在书展上常出现十几家出版社争购一本畅销书的局面，使得海外出版商奇货可居，一味抬高版税率和预付款，或者以次配好，强行兜售系列书。又由于我国的版权贸易工作起步较晚，尚未建立有效的行业规范，致使引进版权的版税率相互攀比，不断升高，不少图书的版税率升至 10%，甚至达到 12%。再次，"跟风"现象蔓延到版权贸易领域。中国人民大学出版社的鞠方安认为，"同一类书引进太多，'跟风现象'严重。例如，经济类、管理类图书，许多出版社都在同时引进，而且一旦某家出版社打响某一品牌之后，大家便同来分享成果，类似的引进版图书立即蜂拥出现。再就是许多书引进翻译出版后，或者同一家出版社接着出原书的影印版，或者有的出版社打'擦边球'，抢着出影印版，造成资源的浪费"。俗话说"口碑在外"，版权贸易尤其要靠品牌和长期信誉的积累。国外有信誉的出版商和版权代理商大多很重视老客户，版税率高低不是唯一标准，必须注重维护与合作伙伴的长久合作关系。

### 3. 图书版权贸易的不平衡性

从目前整个大环境而言，图书版权贸易存在各国之间、各地之间、各社之间的不平衡。

第一，多年来，我国版权贸易的现状可以说是引进大于输出，这是由于西方经济发达国家依靠其强大的经济实力，在文化上占据话语权。出版业发展水平与经济、文化发展水平总体是一致的，经济发达的国家的出版业一般来说也是相对发达的。在我国经济发达地区，出版业也相对发达。据联合国教科文组织统计年鉴资料表明，现在世界图书销售额约 860 亿美元，美国 1997 年销售额为 212 亿美元，占世界总销售额的 25%；德国为 95 亿美元，占 11%；日本为 84.5 亿美元，占 10%；英国为 45 亿美元，占 5%。另外，盗版问题、版权机构管理问题、权威性问题以及市场化运作等问题也是构成版权贸易发展不均衡的因素之一。我们在确定自己版权贸易经营思路时，必须考虑这个现实。

第二，从我国图书版权引进的国家或地区看，也存在不平衡现象。从美国、英国、日本和我国台湾地区引进较多，而从其他国家和地区引进较少。

2002 年，我国从美国引进 4 542 种、英国 1 821 种、日本 908 种，从我国台湾地区引进 1 275 种。

第三，从全球版权贸易的份额来看，仅美国就占到了全球的 32%，欧洲占到 30%，东亚（包括中国、日本、韩国和中国台湾地区）占到 30%，其他国家和地区加起来不到全世界的 10%，这是一个非常不平衡的状态。

第四，从我国图书版权输出国家或地区来看，发展也不均衡。我国向美国、英国等西方国家的输出极"冷"，而向亚洲国家特别是向我国的港台地区的输出趋"热"。2002 年，我国大陆向我国台湾地区输出 755 种、香港地区 352 种，美国 9 种，英国 6 种，日本 18 种。中国每年从欧美国家引进版权的数量实际上远比平均比例大很多。造成这种状况的原因除了经济实力外，还有文化隔阂、语言障碍等原因。笔者在国外和国际书展上看到，西方读者感兴趣的中国图书题材，多是一些多年生活在海外的华人作家为了迎合西方读者口味所写的小说，而且读者的主体也还是华人华裔。现在的问题是我们了解世界很多，但世界了解中国太少，这和国家的经济发展水平以及综合国力有关。另外，国外出版的有关中国题材的图书是由外国人自己写的，这些人长期待在中国，了解中国实际，也了解国外读者需求。

第五，从机构上看，我国的出版社中有的专门成立了版权部门，培养了专门人才，专门从事版权事务，有一套较为完善的管理机制和比较成熟的版权贸易经验，如外语教学与研究出版社、广西师范大学出版社、接力出版社等。但大多数出版社在这方面缺乏人才和必要的机构。

# 三、版权贸易人才的要求

所有的贸易活动最终要靠人来完成，目前我国从事版权贸易工作的人员整体水平并不高，成规模的版权代理机构也不多，根据国家版权局的统计数字，截止到目前全国共有 27 家，但其中大规模开展业务的只在 6~7 家之间，代理的作品类别也有限。迅速提高我国的版权贸易水平，提升我国在国际版权贸易中的地位，是现阶段版权贸易工作的主要目标。要实现版权贸易水平的提高，关键在于有关领导的重视、从业人员自身素质的提高。

在版权贸易的实践中就要更多地依靠各个具体的出版社、音像出版公司等有关单位的领导的重视，以及本单位版权贸易人才的自身努力，才能真正做好版权贸易工作。相关单位的领导要充分认识版权贸易工作的重要性，大胆引进人才，留住人才，从财力物力方面更多地关注版权贸易工作。

版权贸易由于其复杂性、跨行业等特点，对从业人员素质的要求比较高。从事版权贸易工作，须具备全方位的知识体系，除应掌握法律、语言等工具性知识外；还应当熟悉市场，具备敏锐的判断能力以便及时准确地把握市场动向；此外，还应兼具大型宣传活动的策划组织能力，以及一定的文化修养与良好沟通能力。

一个优秀的版权贸易人才应当做到这些：掌握版权法律知识，熟悉我国的著作权法律法规以及相关的政策规定，了解有关的国际公约内容、成员国情况，迅速了解谈判对手所属国家地区的版权法，制定合同严密合理，保证版权贸易过程中既不侵犯他人版权也能保护自身版权；涉外的贸易谈判中没有语言障碍，能够清楚表达我方出版单位的意思、清楚了解对方的意思表达，避免语言不同引起的歧义；对出版市场以及其他版权产业市场动向能够准确把握，迅速作出判断，在某个版权作品没有热起来前抢先获得版权，占领市场，以较低的成本获得较大利润；在将版权作品成功引进或者输出以后，能够及时有效地通过宣传手段将其转换成市场上的畅销产品。只有这样，才能在激烈的版权贸易市场中创建自己的固定渠道，拥有相对稳定的合作伙伴，并不断开拓贸易范围，占领市场。这些素质需要长时间的积累才能获得。

---

**活动 7.1**

### 走进书店找到引进图书

**活动目的：** 认识版权贸易。

**活动步骤：** 第一步，就近书店找到引进版图书。

第二步，认真收集资料学习该图书的引进过程。

第三步，结合所学分析引进图书的程序。

**活动建议：** 独立完成。

---

**思考与练习**

中国走向世界，中国文化走向世界，离不开优秀文化的传播，版权贸易为我们提供了怎样的图书交流方式？

**【问题】**

怎样提高我国图书的版权输出？

*课堂作业*

1. 版权是指什么?
2. 版权贸易应注意哪些问题?

## 单元内容小结

1. 通过对版权贸易的学习,了解版权贸易的内容和原则。
2. 通过对版权贸易的学习,掌握图书如何引进和输出版权。

# 知 识 测 试 题

## 一、单选题

1. 著作权贸易的客体是( )。
   A. 各种知识产权
   B. 著作权的全部权利
   C. 主要是著作权中的财产权,也包括个别的人身权
   D. 仅仅是著作权中的财产权

2. 著作权国际保护主要遵循( )原则。
   A. 公开透明　　　　　　　　B. 国民待遇
   C. 市场调节　　　　　　　　D. 最低保护
   E. 独立保护

3. 著作权国际保护应当遵循的原则中,不包括( )。
   A. 国民待遇原则　　　　　　B. 最低保护原则
   C. 独立保护原则　　　　　　D. 保护水平相等原则

4. 与一般贸易不同,著作权贸易的客体是( )。
   A. 信息内容　　　　　　　　B. 知识产权
   C. 出版物　　　　　　　　　D. 出版商之间的合作关系

5. 著作权贸易中的卖方,除了作品的著作权人外,还有( )等。
   A. 作品原稿拍卖公司
   B. 已出版作品的发行单位
   C. 得到著作权人授权的著作权集体管理组织

D. 著作权行政机构

6. 履行著作权贸易合同时要注意的问题不包括（　　　）。

　　A. 及时支付预付金

　　B. 在合同约定期限内公开发行相应出版物

　　C 保证合同期满时相应出版物已经没有库存

　　D. 及时确认是否续约

7. 著作权贸易的最重要环节是（　　　）。

　　A. 著作权贸易信息的获取　　　　B. 著作权贸易谈判

　　C. 著作权贸易合同的履行　　　　D. 著作权贸易人员的配备

8. 在国际著作权贸易中，买家追求的最高境界是（　　　）。

　　A. 拍卖竞价　　　　　　　　　　B. 避热就冷

　　C. 货比三家　　　　　　　　　　D. 果断出手

9. 在以下书展中，专门针对儿童图书举办的书展是（　　　）。

　　A. 美国书展　　　　　　　　　　B. 伦敦书展

　　C. 法兰克福书展　　　　　　　　D. 博洛尼亚书展

10. 在以下书展中，属于当今世界上规模最大、影响最广的书展是（　　　）。

　　A. 美国书展　　　　　　　　　　B. 伦敦书展

　　C. 法兰克福书展　　　　　　　　D. 北京国际图书博览会

11. 在（　　　）的北京国际图书博览会和法兰克福书展上，中国参展出版社首次实现著作权贸易顺差。

　　A. 2004 年　　　　　　　　　　B. 2005 年

　　C. 2006 年　　　　　　　　　　D. 2007 年

12. 就引进选题的文化价值而言，对工具书和经营管理类图书要考虑是否具有（　　　）。

　　A. 娱乐价值　　　　　　　　　　B. 实用价值

　　C. 独创性和参考价值　　　　　　D. 文化积累价值

13. 著作权贸易的预付版税通常在著作权签订之日起（　　　）内支付。

　　A. 1 个月　　　　　　　　　　　B. 2～3 个月

　　C. 6 个月　　　　　　　　　　　D. 1 年

14. 著作权贸易是（　　　）中极为重要的一个方面。

　　A. 内容编辑加工　　　　　　　　B. 出版物制作

　　C. 出版社经营管理　　　　　　　D. 出版物市场营销

15. 以下关于许可使用方式的著作权贸易的说法，错误的是（　　　）。

　　A. 许可使用不改变著作权的归属，即著作权主体未改变

B. 获得许可的方式包括著作权集体管理

C. 专有许可也就是分许可

D. 非专有许可形式一般适用于篇幅较小的作品

## 二、多选题

1. 著作权贸易的基本类型有（      ）。

A. 著作权转让　　　　　　　　B. 著作权许可使用

C. 著作权协调　　　　　　　　D. 出版物外销

E. 租型造货

2. 著作权贸易与普通商品贸易的不同在于（      ）。

A. 贸易客体　　　　　　　　　B. 贸易方式

C. 支付方式　　　　　　　　　D. 权利期限

E. 贸易渠道

3. 出版领域的著作权贸易经常涉及的是（      ）等权利。

A. 改编权　　　　　　　　　　B. 翻译权

C. 出版权　　　　　　　　　　D. 重印权

E. 汇编权

4. 我国某著作权人把某部作品的"美国 5 年专有英文图书翻译出版权"授予给美国一家出版公司后，在合同生效期间，以下他可自由支配的权利是（      ）。

A. 美国英文图书出版权　　　　B. 美国英文报刊出版权

C. 澳大利亚英文图书出版权　　D. 美国中文图书出版权

E. 美国影视改编权和拍摄权

5. 以下关于转让形式的著作权贸易的说法，错误的是（      ）。

A. 著作权转让之后，为方便使用，修改权和保护作品完整权也相应转移

B. 某项著作权权利转让之后，受让人可以成为该项权利的著作权人

C. 受让人可以将获得的权利再许可第三人使用，但不能再转让

D. 转让分临时转让和永久转让两种

E. 著作权赠予属于永久转让

6. 订立对外著作权贸易合同时要注意（      ）。

A. 合同内容完备

B. 合同须由受让方或被许可方起草

C. 由双方协商一致后定稿

D. 报请所在省（自治区、直辖市）版权局审核登记

E. 有专门条款说明引进方有权根据国情对涉及社会政治和意识形态
的内容作相应删改

7. 为使中国图书走向世界，（　　）推出了"中国图书对外推广计划"。

　　A. 商务部　　　　　　　　　　B. 新闻出版总署

　　C. 国务院新闻办公室　　　　　D. 文化部

　　E. 外交部

8. 出版社引进图书选题时，就文化价值而言，对学术著作要考虑是否具
有（　　）。

　　A. 学术前沿价值　　　　　　　B. 实用价值

　　C. 独创性和参考价值　　　　　D. 文化积累价值

　　E. 娱乐价值

9. 在引进西方国家图书选题时，出版社的专业力量是指（　　）。

　　A. 出版社的分工范围属于外文、翻译类

　　B. 拥有强大的版权贸易经营机构

　　C. 拥有足以胜任的翻译工作的译者队伍

　　D. 拥有对内容进行把关的相关语种的编辑

　　E. 拥有强有力的宣传和营销人员

10. 目前我国具有较大版权输出可能性的图书有（　　）。

　　A. 中华传统文化读物　　　　　B. 语言文字工具书

　　C. 对外汉语教学读物　　　　　D. 经营管理著作

　　E. 中国旅游读物

# 单元技能测试记录表

| 鉴定内容 | 图书出版中的版权引进与输出 | 鉴定方法 | 实 作 | 鉴定人签字 | |
|---|---|---|---|---|---|
| 关键技能 | | 操作程序 | | 鉴定结果 | |
| | | | | 通过 | 未通过 |
| 1. 掌握图书版权贸易 | | 在所学知识的基础上，学会如何引进和输出图书版权 | | | |

鉴定者评语：

| 鉴定成绩 | | 鉴定时间 | | 被鉴定人签字 | |
|---|---|---|---|---|---|

# 单元课程评价表

姓名：_____　　　　　　　日期：

当你完成了本单元的学习，我们希望你能对下面的项目提出你的建议。

| 请在相应的栏目内打钩 | 非常同意 | 同意 | 没有意见 | 不同意 | 非常不同意 |
|---|---|---|---|---|---|
| 1. 这一单元使我对图书版权贸易有了很好的认识 | | | | | |
| 2. 这一单元帮我了解了国外图书是如何引进的 | | | | | |
| 3. 我学习这单元后对版权有了基本认识 | | | | | |
| 4. 我现在对尝试学习下一单元更有自信了 | | | | | |
| 5. 我掌握了本单元要求的基本技能 | | | | | |
| 6. 该单元的内容和活动对我很有帮助 | | | | | |
| 7. 教师待人友善、愿意帮忙 | | | | | |
| 8. 该单元的教学让我做好了参加鉴定的准备 | | | | | |
| 9. 该单元的教学方法对我学习起到了帮助作用 | | | | | |
| 10. 该单元提供的信息量正好 | | | | | |
| 11. 评估与鉴定公平、适当 | | | | | |

你对将来改善本单元的教学有什么建议？

_____

_____

# 附　录

## 出版管理条例

### 第一章　总　　则

**第一条**　为了加强对出版活动的管理，发展和繁荣有中国特色社会主义出版产业和出版事业，保障公民依法行使出版自由的权利，促进社会主义精神文明和物质文明建设，根据宪法，制定本条例。

**第二条**　在中华人民共和国境内从事出版活动，适用本条例。

本条例所称出版活动，包括出版物的出版、印刷或者复制、进口、发行。

本条例所称出版物，是指报纸、期刊、图书、音像制品、电子出版物等。

**第三条**　出版活动必须坚持为人民服务、为社会主义服务的方向，坚持以马克思列宁主义、毛泽东思想、邓小平理论和"三个代表"重要思想为指导，贯彻落实科学发展观，传播和积累有益于提高民族素质、有益于经济发展和社会进步的科学技术和文化知识，弘扬民族优秀文化，促进国际文化交流，丰富和提高人民的精神生活。

**第四条**　从事出版活动，应当将社会效益放在首位，实现社会效益与经济效益相结合。

**第五条**　公民依法行使出版自由的权利，各级人民政府应当予以保障。

公民在行使出版自由的权利的时候，必须遵守宪法和法律，不得反对宪法确定的基本原则，不得损害国家的、社会的、集体的利益和其他公民的合法的自由和权利。

**第六条**　国务院出版行政主管部门负责全国的出版活动的监督管理工作。国务院其他有关部门按照国务院规定的职责分工，负责有关的出版活动的监督管理工作。

县级以上地方各级人民政府负责出版管理的部门（以下简称出版行政主管部门）负责本行政区域内出版活动的监督管理工作。县级以上地方各级人民政府其他有关部门在各自的职责范围内，负责有关的出版活动的监督管理工作。

**第七条**　出版行政主管部门根据已经取得的违法嫌疑证据或者举报，对涉嫌违法从事出版物出版、印刷或者复制、进口、发行等活动的行为进行查处时，可以检查与涉嫌违法活动有关的物品和经营场所；对有证据证明是与违法活动有关的物品，可以查封或者扣押。

**第八条**　出版行业的社会团体按照其章程，在出版行政主管部门的指导下，实行自律管理。

## 第二章　出版单位的设立与管理

**第九条**　报纸、期刊、图书、音像制品和电子出版物等应当由出版单位出版。

本条例所称出版单位，包括报社、期刊社、图书出版社、音像出版社和电子出版物出版社等。

法人出版报纸、期刊，不设立报社、期刊社的，其设立的报纸编辑部、期刊编辑部视为出版单位。

**第十条**　国务院出版行政主管部门制定全国出版单位总量、结构、布局的规划，指导、协调出版产业和出版事业发展。

**第十一条**　设立出版单位，应当具备下列条件：

（一）有出版单位的名称、章程；

（二）有符合国务院出版行政主管部门认定的主办单位及其主管机关；

（三）有确定的业务范围；

（四）有30万元以上的注册资本和固定的工作场所；

（五）有适应业务范围需要的组织机构和符合国家规定的资格条件的编辑出版专业人员；

（六）法律、行政法规规定的其他条件。

审批设立出版单位，除依照前款所列条件外，还应当符合国家关于出版单位总量、结构、布局的规划。

**第十二条**　设立出版单位，由其主办单位向所在地省、自治区、直辖市人民政府出版行政主管部门提出申请；省、自治区、直辖市人民政府出版行政主管部门审核同意后，报国务院出版行政主管部门审批。设立的出版单位为事业单位的，还应当办理机构编制审批手续。

**第十三条**　设立出版单位的申请书应当载明下列事项：

（一）出版单位的名称、地址；

（二）出版单位的主办单位及其主管机关的名称、地址；

（三）出版单位的法定代表人或者主要负责人的姓名、住址、资格证明文件；

（四）出版单位的资金来源及数额。

设立报社、期刊社或者报纸编辑部、期刊编辑部的，申请书还应当载明报纸或者期刊的名称、刊期、开版或者开本、印刷场所。

申请书应当附具出版单位的章程和设立出版单位的主办单位及其主管机关的有关证明材料。

**第十四条**　国务院出版行政主管部门应当自受理设立出版单位的申请之日起 60 日内，作出批准或者不批准的决定，并由省、自治区、直辖市人民政府出版行政主管部门书面通知主办单位；不批准的，应当说明理由。

**第十五条**　设立出版单位的主办单位应当自收到批准决定之日起 60 日内，向所在地省、自治区、直辖市人民政府出版行政主管部门登记，领取出版许可证。登记事项由国务院出版行政主管部门规定。

出版单位领取出版许可证后，属于事业单位法人的，持出版许可证向事业单位登记管理机关登记，依法领取事业单位法人证书；属于企业法人的，持出版许可证向工商行政管理部门登记，依法领取营业执照。

**第十六条**　报社、期刊社、图书出版社、音像出版社和电子出版物出版社等应当具备法人条件，经核准登记后，取得法人资格，以其全部法人财产独立承担民事责任。

依照本条例第九条第三款的规定，视为出版单位的报纸编辑部、期刊编辑部不具有法人资格，其民事责任由其主办单位承担。

**第十七条**　出版单位变更名称、主办单位或者其主管机关、业务范围、资本结构，合并或者分立，设立分支机构，出版新的报纸、期刊，或者报纸、期刊变更名称的，应当依照本条例第十二条、第十三条的规定办理审批手续。出版单位属于事业单位法人的，还应当持批准文件到事业单位登记管理机关办理相应的登记手续；属于企业法人的，还应当持批准文件到工商行政管理部门办理相应的登记手续。

出版单位除前款所列变更事项外的其他事项的变更，应当经主办单位及其主管机关审查同意，向所在地省、自治区、直辖市人民政府出版行政主管部门申请变更登记，并报国务院出版行政主管部门备案。出版单位属于事业单位法人的，还应当持批准文件到事业单位登记管理机关办理变更登记；属于企业法人的，还应当持批准文件到工商行政管理部门办理变更登记。

**第十八条**　出版单位中止出版活动的，应当向所在地省、自治区、直辖市人民政府出版行政主管部门备案并说明理由和期限；出版单位中止出版活动不得超过 180 日。

出版单位终止出版活动的，由主办单位提出申请并经主管机关同意后，由主办单位向所在地省、自治区、直辖市人民政府出版行政主管部门办理注销登记，并报国务院出版行政主管部门备案。出版单位属于事业单位法人的，还应当持批准文件到事业单位登记管理机关办理注销登记；属于企业法人的，还应当持批准文件到工商行政管理部门办理注销登记。

**第十九条**　图书出版社、音像出版社和电子出版物出版社自登记之日起满 180 日未从事出版活动的，报社、期刊社自登记之日起满 90 日未出版报纸、期刊的，由原登记的出版行政主管部门注销登记，并报国务院出版行政主管部门备案。

因不可抗力或者其他正当理由发生前款所列情形的，出版单位可以向原登记的出版行政主管部门申请延期。

**第二十条**　图书出版社、音像出版社和电子出版物出版社的年度出版计划及涉及国家安全、社会安定等方面的重大选题，应当经所在地省、自治区、直辖市人民政府出版行政主管部门审核后报国务院出版行政主管部门备案；涉及重大选题，未在出版前报备案的出版物，不得出版。具体办法由国务院出版行政主管部门制定。

期刊社的重大选题，应当依照前款规定办理备案手续。

**第二十一条**　出版单位不得向任何单位或者个人出售或者以其他形式转让本单位的名称、书号、刊号或者版号、版面，并不得出租本单位的名称、刊号。

出版单位及其从业人员不得利用出版活动谋取其他不正当利益。

**第二十二条**　出版单位应当按照国家有关规定向国家图书馆、中国版本图书馆和国务院出版行政主管部门免费送交样本。

## 第三章　出版物的出版

**第二十三条**　公民可以依照本条例规定，在出版物上自由表达自己对国家事务、经济和文化事业、社会事务的见解和意愿，自由发表自己从事科学研究、文学艺术创作和其他文化活动的成果。

合法出版物受法律保护，任何组织和个人不得非法干扰、阻止、破坏出版物的出版。

**第二十四条**　出版单位实行编辑责任制度，保障出版物刊载的内容符合本条例的规定。

**第二十五条**　任何出版物不得含有下列内容：

（一）反对宪法确定的基本原则的；

（二）危害国家统一、主权和领土完整的；

（三）泄露国家秘密、危害国家安全或者损害国家荣誉和利益的；

（四）煽动民族仇恨、民族歧视，破坏民族团结，或者侵害民族风俗、习惯的；

（五）宣扬邪教、迷信的；

（六）扰乱社会秩序，破坏社会稳定的；

（七）宣扬淫秽、赌博、暴力或者教唆犯罪的；

（八）侮辱或者诽谤他人，侵害他人合法权益的；

（九）危害社会公德或者民族优秀文化传统的；

（十）有法律、行政法规和国家规定禁止的其他内容的。

第二十六条 以未成年人为对象的出版物不得含有诱发未成年人模仿违反社会公德的行为和违法犯罪的行为的内容，不得含有恐怖、残酷等妨害未成年人身心健康的内容。

第二十七条 出版物的内容不真实或者不公正，致使公民、法人或者其他组织的合法权益受到侵害的，其出版单位应当公开更正，消除影响，并依法承担其他民事责任。

报纸、期刊发表的作品内容不真实或者不公正，致使公民、法人或者其他组织的合法权益受到侵害的，当事人有权要求有关出版单位更正或者答辩，有关出版单位应当在其近期出版的报纸、期刊上予以发表；拒绝发表的，当事人可以向人民法院提起诉讼。

第二十八条 出版物必须按照国家的有关规定载明作者、出版者、印刷者或者复制者、发行者的名称、地址，书号、刊号或者版号，在版编目数据，出版日期、刊期以及其他有关事项。

出版物的规格、开本、版式、装帧、校对等必须符合国家标准和规范要求，保证出版物的质量。

出版物使用语言文字必须符合国家法律规定和有关标准、规范。

第二十九条 任何单位和个人不得伪造、假冒出版单位名称或者报纸、期刊名称出版出版物。

第三十条 中学小学教科书由国务院教育行政主管部门审定；其出版、发行单位应当具有适应教科书出版、发行业务需要的资金、组织机构和人员等条件，并取得国务院出版行政主管部门批准的教科书出版、发行资质。纳入政府采购范围的中学小学教科书，其发行单位按照《中华人民共和国政府采购法》的有关规定确定。其他任何单位或者个人不得从事中学小学教科书的出版、发行业务。

第四章　出版物的印刷或者复制和发行

第三十一条　从事出版物印刷或者复制业务的单位，应当向所在地省、自治区、直辖市人民政府出版行政主管部门提出申请，经审核许可，并依照国家有关规定到工商行政管理部门办理相关手续后，方可从事出版物的印刷或者复制。

未经许可并办理相关手续的，不得印刷报纸、期刊、图书，不得复制音像制品、电子出版物。

第三十二条　出版单位不得委托未取得出版物印刷或者复制许可的单位印刷或者复制出版物。

出版单位委托印刷或者复制单位印刷或者复制出版物的，必须提供符合国家规定的印刷或者复制出版物的有关证明，并依法与印刷或者复制单位签订合同。

印刷或者复制单位不得接受非出版单位和个人的委托印刷报纸、期刊、图书或者复制音像制品、电子出版物，不得擅自印刷、发行报纸、期刊、图书或者复制、发行音像制品、电子出版物。

第三十三条　印刷或者复制单位经所在地省、自治区、直辖市人民政府出版行政主管部门批准，可以承接境外出版物的印刷或者复制业务；但是，印刷或者复制的境外出版物必须全部运输出境，不得在境内发行。

境外委托印刷或者复制的出版物的内容，应当经省、自治区、直辖市人民政府出版行政主管部门审核。委托人应当持有著作权人授权书，并向著作权行政管理部门登记。

第三十四条　印刷或者复制单位应当自完成出版物的印刷或者复制之日起 2 年内，留存一份承接的出版物样本备查。

第三十五条　从事出版物总发行业务的单位，经所在地省、自治区、直辖市人民政府出版行政主管部门审核后，报国务院出版行政主管部门批准。国务院出版行政主管部门应当自受理申请之日起 60 日内，作出批准或者不批准的决定。

从事出版物批发业务的单位，须经省、自治区、直辖市人民政府出版行政主管部门审核许可。

从事出版物零售业务的单位和个体工商户，须经县级人民政府出版行政主管部门审核许可。

从事出版物连锁经营业务的单位，在省、自治区、直辖市范围内经营的，应当经其总部所在地省、自治区、直辖市人民政府出版行政主管部门批准；跨省或者在全国范围内经营的，应当经其总部所在地省、自治区、直辖市人民政府出版行政主管部门审核后，报国务院出版行政主管部门批准。国务院出版行政主管部门应当自受理申请之日起 60 日内，作出批准或者不批准的决定。

从事出版物发行业务的单位和个体工商户经出版行政主管部门批准、取得出版物经营许可证，并向工商行政管理部门依法领取营业执照后，方可从事出版物发行业务。

**第三十六条** 通过互联网等信息网络从事出版物发行业务的单位或者个体工商户，应当依照本条例规定取得出版物经营许可证。

提供网络交易平台服务的经营者应当对申请通过网络交易平台从事出版物发行业务的单位或者个体工商户的经营主体身份进行审查，验证其出版物经营许可证。

**第三十七条** 从事出版物发行业务的单位和个体工商户变更出版物经营许可证登记事项，或者兼并、合并、分立的，应当依照本条例第三十五条的规定办理审批手续，并持批准文件到工商行政管理部门办理相应的登记手续。

从事出版物发行业务的单位和个体工商户终止经营活动的，应当到工商行政管理部门办理注销登记，并向原批准的出版行政主管部门备案。

**第三十八条** 出版单位可以发行本出版单位出版的出版物，不得发行其他出版单位出版的出版物。

**第三十九条** 国家允许设立从事图书、报纸、期刊、电子出版物发行业务的中外合资经营企业、中外合作经营企业、外资企业。

**第四十条** 印刷或者复制单位、发行单位不得印刷或者复制、发行有下列情形之一的出版物：

（一）含有本条例第二十五条、第二十六条禁止内容的；

（二）非法进口的；

（三）伪造、假冒出版单位名称或者报纸、期刊名称的；

（四）未署出版单位名称的；

（五）中学小学教科书未经依法审定的；

（六）侵犯他人著作权的。

## 第五章　出版物的进口

**第四十一条** 出版物进口业务，由依照本条例设立的出版物进口经营单位经营；其他单位和个人不得从事出版物进口业务。

**第四十二条** 设立出版物进口经营单位，应当具备下列条件：

（一）有出版物进口经营单位的名称、章程；

（二）有符合国务院出版行政主管部门认定的主办单位及其主管机关；

（三）有确定的业务范围；

（四）具有进口出版物内容审查能力；

（五）有与出版物进口业务相适应的资金；

（六）有固定的经营场所；

（七）法律、行政法规和国家规定的其他条件。

第四十三条　设立出版物进口经营单位，应当向国务院出版行政主管部门提出申请，经审查批准，取得国务院出版行政主管部门核发的出版物进口经营许可证后，持证到工商行政管理部门依法领取营业执照。

设立出版物进口经营单位，还应当依照对外贸易法律、行政法规的规定办理相应手续。

第四十四条　出版物进口经营单位变更名称、业务范围、资本结构、主办单位或者其主管机关，合并或者分立，设立分支机构，应当依照本条例第四十二条、第四十三条的规定办理审批手续，并持批准文件到工商行政管理部门办理相应的登记手续。

第四十五条　出版物进口经营单位进口的出版物，不得含有本条例第二十五条、第二十六条禁止的内容。

出版物进口经营单位负责对其进口的出版物进行内容审查。省级以上人民政府出版行政主管部门可以对出版物进口经营单位进口的出版物直接进行内容审查。出版物进口经营单位无法判断其进口的出版物是否含有本条例第二十五条、第二十六条禁止内容的，可以请求省级以上人民政府出版行政主管部门进行内容审查。省级以上人民政府出版行政主管部门应出版物进口经营单位的请求，对其进口的出版物进行内容审查的，可以按照国务院价格主管部门批准的标准收取费用。

国务院出版行政主管部门可以禁止特定出版物的进口。

第四十六条　出版物进口经营单位应当在进口出版物前将拟进口的出版物目录报省级以上人民政府出版行政主管部门备案；省级以上人民政府出版行政主管部门发现有禁止进口的或者暂缓进口的出版物的，应当及时通知出版物进口经营单位并通报海关。对通报禁止进口或者暂缓进口的出版物，出版物进口经营单位不得进口，海关不得放行。

出版物进口备案的具体办法由国务院出版行政主管部门制定。

第四十七条　发行进口出版物的，必须从依法设立的出版物进口经营单位进货。

**第四十八条** 出版物进口经营单位在境内举办境外出版物展览，必须报经国务院出版行政主管部门批准。未经批准，任何单位和个人不得举办境外出版物展览。

依照前款规定展览的境外出版物需要销售的，应当按照国家有关规定办理相关手续。

## 第六章　监督与管理

**第四十九条** 出版行政主管部门应当加强对本行政区域内出版单位出版活动的日常监督管理；出版单位的主办单位及其主管机关对所属出版单位出版活动负有直接管理责任，并应当配合出版行政主管部门督促所属出版单位执行各项管理规定。

出版单位和出版物进口经营单位应当按照国务院出版行政主管部门的规定，将从事出版活动和出版物进口活动的情况向出版行政主管部门提出书面报告。

**第五十条** 出版行政主管部门履行下列职责：

（一）对出版物的出版、印刷、复制、发行、进口单位进行行业监管，实施准入和退出管理；

（二）对出版活动进行监管，对违反本条例的行为进行查处；

（三）对出版物内容和质量进行监管；

（四）根据国家有关规定对出版从业人员进行管理。

**第五十一条** 出版行政主管部门根据有关规定和标准，对出版物的内容、编校、印刷或者复制、装帧设计等方面质量实施监督检查。

**第五十二条** 国务院出版行政主管部门制定出版单位综合评估办法，对出版单位分类实施综合评估。

出版物的出版、印刷或者复制、发行和进口经营单位不再具备行政许可的法定条件的，由出版行政主管部门责令限期改正；逾期仍未改正的，由原发证机关撤销行政许可。

**第五十三条** 国家对在出版单位从事出版专业技术工作的人员实行职业资格制度；出版专业技术人员通过国家专业技术人员资格考试取得专业技术资格。具体办法由国务院人力资源社会保障主管部门、国务院出版行政主管部门共同制定。

## 第七章　保障与奖励

**第五十四条** 国家制定有关政策，保障、促进出版产业和出版事业的发展与繁荣。

**第五十五条** 国家支持、鼓励下列优秀的、重点的出版物的出版：

（一）对阐述、传播宪法确定的基本原则有重大作用的；

（二）对弘扬社会主义核心价值体系，在人民中进行爱国主义、集体主义、社会主义和民族团结教育以及弘扬社会公德、职业道德、家庭美德有重要意义的；

（三）对弘扬民族优秀文化，促进国际文化交流有重大作用的；

（四）对推进文化创新，及时反映国内外新的科学文化成果有重大贡献的；

（五）对服务农业、农村和农民，促进公共文化服务有重大作用的；

（六）其他具有重要思想价值、科学价值或者文化艺术价值的。

**第五十六条** 国家对教科书的出版发行，予以保障。

国家扶持少数民族语言文字出版物和盲文出版物的出版发行。

国家对在少数民族地区、边疆地区、经济不发达地区和在农村发行出版物，实行优惠政策。

**第五十七条** 报纸、期刊交由邮政企业发行的，邮政企业应当保证按照合同约定及时、准确发行。

承运出版物的运输企业，应当对出版物的运输提供方便。

**第五十八条** 对为发展、繁荣出版产业和出版事业作出重要贡献的单位和个人，按照国家有关规定给予奖励。

**第五十九条** 对非法干扰、阻止和破坏出版物出版、印刷或者复制、进口、发行的行为，县级以上各级人民政府出版行政主管部门及其他有关部门，应当及时采取措施，予以制止。

## 第八章　法律责任

**第六十条** 出版行政主管部门或者其他有关部门的工作人员，利用职务上的便利收受他人财物或者其他好处，批准不符合法定设立条件的出版、印刷或者复制、进口、发行单位，或者不履行监督职责，或者发现违法行为不予查处，造成严重后果的，依法给予降级直至开除的处分；构成犯罪的，依照刑法关于受贿罪、滥用职权罪、玩忽职守罪或者其他罪的规定，依法追究刑事责任。

**第六十一条** 未经批准，擅自设立出版物的出版、印刷或者复制、进口、发行单位，或者擅自从事出版物的出版、印刷或者复制、进口、发行业务，假冒出版单位名称或者伪造、假冒报纸、期刊名称出版出版物的，由出版行政主管部门、工商行政管理部门依照法定职权予以取缔；依照刑法关于非法经营罪的规定，依法追究刑事责任；尚不够刑事处罚的，没收出版物、违法所得和从事违法活动的专用工具、设备，违法经营额 1 万元以上的，并处违法经营额 5 倍以上 10 倍以下的罚款，违法经营额不足 1 万元的，可以处 5 万元以下的罚款；侵犯他人合法权益的，依法承担民事责任。

第六十二条　有下列行为之一，触犯刑律的，依照刑法有关规定，依法追究刑事责任；尚不够刑事处罚的，由出版行政主管部门责令限期停业整顿，没收出版物、违法所得，违法经营额 1 万元以上的，并处违法经营额 5 倍以上 10 倍以下的罚款；违法经营额不足 1 万元的，可以处 5 万元以下的罚款；情节严重的，由原发证机关吊销许可证：

（一）出版、进口含有本条例第二十五条、第二十六条禁止内容的出版物的；

（二）明知或者应知出版物含有本条例第二十五条、第二十六条禁止内容而印刷或者复制、发行的；

（三）明知或者应知他人出版含有本条例第二十五条、第二十六条禁止内容的出版物而向其出售或者以其他形式转让本出版单位的名称、书号、刊号、版号、版面，或者出租本单位的名称、刊号的。

第六十三条　有下列行为之一的，由出版行政主管部门责令停止违法行为，没收出版物、违法所得，违法经营额 1 万元以上的，并处违法经营额 5 倍以上 10 倍以下的罚款；违法经营额不足 1 万元的，可以处 5 万元以下的罚款；情节严重的，责令限期停业整顿或者由原发证机关吊销许可证：

（一）进口、印刷或者复制、发行国务院出版行政主管部门禁止进口的出版物的；

（二）印刷或者复制走私的境外出版物的；

（三）发行进口出版物未从本条例规定的出版物进口经营单位进货的。

第六十四条　走私出版物的，依照刑法关于走私罪的规定，依法追究刑事责任；尚不够刑事处罚的，由海关依照海关法的规定给予行政处罚。

第六十五条　有下列行为之一的，由出版行政主管部门没收出版物、违法所得，违法经营额 1 万元以上的，并处违法经营额 5 倍以上 10 倍以下的罚款；违法经营额不足 1 万元的，可以处 5 万元以下的罚款；情节严重的，责令限期停业整顿或者由原发证机关吊销许可证：

（一）出版单位委托未取得出版物印刷或者复制许可的单位印刷或者复制出版物的；

（二）印刷或者复制单位未取得印刷或者复制许可而印刷或者复制出版物的；

（三）印刷或者复制单位接受非出版单位和个人的委托印刷或者复制出版物的；

（四）印刷或者复制单位未履行法定手续印刷或者复制境外出版物的，印刷或者复制的境外出版物没有全部运输出境的；

（五）印刷或者复制单位、发行单位或者个体工商户印刷或者复制、发行未署出版单位名称的出版物的；

（六）出版、印刷、发行单位出版、印刷、发行未经依法审定的中学小学教科书，或者非依照本条例规定确定的单位从事中学小学教科书的出版、发行业务的。

第六十六条 出版单位有下列行为之一的，由出版行政主管部门责令停止违法行为，给予警告，没收违法经营的出版物、违法所得，违法经营额 1 万元以上的，并处违法经营额 5 倍以上 10 倍以下的罚款；违法经营额不足 1 万元的，可以处 5 万元以下的罚款；情节严重的，责令限期停业整顿或者由原发证机关吊销许可证：

（一）出售或者以其他形式转让本出版单位的名称、书号、刊号、版号、版面，或者出租本单位的名称、刊号的；

（二）利用出版活动谋取其他不正当利益的。

第六十七条 有下列行为之一的，由出版行政主管部门责令改正，给予警告；情节严重的，责令限期停业整顿或者由原发证机关吊销许可证：

（一）出版单位变更名称、主办单位或者其主管机关、业务范围，合并或者分立，出版新的报纸、期刊，或者报纸、期刊改变名称，以及出版单位变更其他事项，未依照本条例的规定到出版行政主管部门办理审批、变更登记手续的；

（二）出版单位未将其年度出版计划和涉及国家安全、社会安定等方面的重大选题备案的；

（三）出版单位未依照本条例的规定送交出版物的样本的；

（四）印刷或者复制单位未依照本条例的规定留存备查的材料的；

（五）出版进口经营单位未将其进口的出版物目录报送备案的；

（六）出版单位擅自中止出版活动超过 180 日的；

（七）出版物发行单位、出版物进口经营单位未依照本条例的规定办理变更审批手续的；

（八）出版物质量不符合有关规定和标准的。

第六十八条 未经批准，举办境外出版物展览的，由出版行政主管部门责令停止违法行为，没收出版物、违法所得；情节严重的，责令限期停业整顿或者由原发证机关吊销许可证。

第六十九条　印刷或者复制、批发、零售、出租、散发含有本条例第二十五条、第二十六条禁止内容的出版物或者其他非法出版物的，当事人对非法出版物的来源作出说明、指认，经查证属实的，没收出版物、违法所得，可以减轻或者免除其他行政处罚。

第七十条　单位违反本条例，被处以吊销许可证行政处罚的，应当按照国家有关规定到事业单位登记管理机关或者工商行政管理部门办理注销登记或者变更登记；逾期未办理的，由事业单位登记管理机关撤销登记或者由工商行政管理部门吊销营业执照。

第七十一条　单位违反本条例被处以吊销许可证行政处罚的，其法定代表人或者主要负责人自许可证被吊销之日起 10 年内不得担任出版、印刷或者复制、进口、发行单位的法定代表人或者主要负责人。

出版从业人员违反本条例规定，情节严重的，由原发证机关吊销其资格证书。

第七十二条　依照本条例的规定实施罚款的行政处罚，应当依照有关法律、行政法规的规定，实行罚款决定与罚款收缴分离；收缴的罚款必须全部上缴国库。

### 第九章　附　　则

第七十三条　行政法规对音像制品和电子出版物的出版、复制、进口、发行另有规定的，适用其规定。

接受境外机构或者个人赠送出版物的管理办法、订户订购境外出版物的管理办法、网络出版审批和管理办法，由国务院出版行政主管部门根据本条例的原则另行制定。

第七十四条　本条例自 2002 年 2 月 1 日起施行。1997 年 1 月 2 日国务院发布的《出版管理条例》同时废止。

（2001 年 12 月 25 日中华人民共和国国务院令第 343 号公布。根据 2011 年 3 月 19 日《国务院关于修改〈出版管理条例〉的决定》修订）。

# 图书质量管理规定

（自 2005 年 3 月 1 日起施行）

第一条　为建立健全图书质量管理机制，规范图书出版秩序，促进图书出版业的繁荣和发展，保护消费者的合法权益，根据《中华人民共和国产品质量法》和国务院《出版管理条例》制定本规定。

**第二条**　本规定适用于依法设立的图书出版单位出版的图书的质量管理。出版时间超过十年且无再版或者重印的图书，不适用本规定。

**第三条**　图书质量包括内容、编校、设计、印制四项，分为合格、不合格两个等级。

内容、编校、设计、印制四项均合格的图书，其质量属合格。内容、编校、设计、印制四项中有一项不合格的图书，其质量属不合格。

**第四条**　符合《出版管理条例》第二十六、二十七条规定的图书，其内容质量属合格。

不符合《出版管理条例》第二十六、二十七条规定的图书，其内容质量属不合格。

**第五条**　差错率不超过万分之一的图书，其编校质量属合格。

差错率超过万分之一的图书，其编校质量属不合格。

图书编校质量差错的判定以国家正式颁布的法律法规、国家标准和相关行业制定的行业标准为依据。图书编校质量差错率的计算按照本规定附件《图书编校质量差错率计算方法》执行。

**第六条**　图书的整体设计和封面（包括封一、封二、封三、封底、勒口、护封、封套、书脊）、扉页、插图等设计均符合国家有关技术标准和规定的，其设计质量属合格。

图书的整体设计和封面（包括封一、封二、封三、封底、勒口、护封、封套、书脊）、扉页、插图等设计中有一项不符合国家有关技术标准和规定的，其设计质量不合格。

**第七条**　符合中华人民共和国出版行业标准《印刷产品质量评价和分等导则》（CY/T 2—1999）规定的图书，其印制质量属合格。

不符合中华人民共和国出版行业标准《印刷产品质量评价和分等导则》（CY/T 2—1999）规定的图书，其印制质量属不合格。

**第八条**　新闻出版总署负责全国图书质量管理工作，依照本规定实施图书质量检查，并向社会及时公布检查结果。

**第九条**　各省、自治区、直辖市新闻出版行政部门负责本行政区域内的图书质量管理工作，依照本规定实施图书质量检查，并向社会及时公布检查结果。

**第十条**　图书出版单位的主办单位和主管机关应当履行其主办、主管职能，尽其责任，协助新闻出版行政部门实施图书质量管理，对不合格图书提出处理意见。

第十一条　图书出版单位应当设立图书质量管理机构，制定图书质量管理制度，保证图书质量合格。

第十二条　新闻出版行政部门对图书质量实施的检查包括：图书的正文、封面（包括封一、封二、封三、封底、勒口、护封、封套、书脊）、扉页、版权页、前言（或序）、后记（或跋）、目录、插图及其文字说明等。正文部分的抽查必须内容（或页码）连续且不少于10万字，全书字数不足10万字的必须检查全书。

第十三条　新闻出版行政部门实施图书质量检查，须将审读记录和检查结果书面通知出版单位。出版单位如有异议，可以在接到通知后15日内提出申辩意见，请求复检。对复检结论仍有异议的，可以向上一级新闻出版行政部门请求裁定。

第十四条　对在图书质量检查中被认定为成绩突出的出版单位和个人，新闻出版行政部门给予表扬或者奖励。

第十五条　对图书内容违反《出版管理条例》第二十六、二十七条规定的，根据《出版管理条例》第五十六条实施处罚。

第十六条　对出版编校质量不合格图书的出版单位，由省级以上新闻出版行政部门予以警告，可以根据情节并处3万元以下罚款。

第十七条　经检查属编校质量不合格的图书，差错率在万分之一以上万分之五以下的，出版单位必须自检查结果公布之日起30天内全部收回，改正重印后可以继续发行；差错率在万分之五以上的，出版单位必须自检查结果公布之日起30天内全部收回。

出版单位违反本规定继续发行编校质量不合格图书的，由省级以上新闻出版行政部门按照《中华人民共和国产品质量法》第五十条的规定处理。

第十八条　对于印制质量不合格的图书，出版单位必须及时予以收回、调换。

出版单位违反本规定继续发行印制质量不合格图书的，由省级以上新闻出版行政部门按照《中华人民共和国产品质量法》第五十条的规定处理。

第十九条　一年内造成三种以上图书不合格或者连续两年造成图书不合格的直接责任者，由省、自治区、直辖市新闻出版行政部门注销其出版专业技术人员职业资格，三年之内不得从事出版编辑工作。

第二十条　本规定自2005年3月1日起实施。新闻出版署于1997年3月3日公布的《图书质量管理规定》同时停止执行。

# 图书编校质量差错率计算方法

## 一、图书编校差错率

图书编校差错率，是指一本图书的编校差错数占全书总字数的比率，用万分比表示。实际鉴定时，可以依据抽查结果对全书进行认定。如检查的总字数为 10 万，检查后发现两个差错，则其差错率为 0.2/10000。

## 二、图书总字数的计算方法

图书总字数的计算方法，一律以该书的版面字数为准，即：总字数=每行字数×每面行数×总面数。

1. 除环衬等空白面不计字数外，凡连续编排页码的正文、目录、辅文等，不论是否排字，均按一面满版计算字数。分栏排版的图书，各栏之间的空白也计算版面字数。

2. 书眉（或中缝）和单排的页码、边码作为行数或每行字数计入正文，一并计算字数。

3. 索引、附录等字号有变化时，分别按实际版面计算字数。

4. 用小号字排版的脚注文字超过 5 行不足 10 行的，该面按正文满版字数加 15%计算；超过 10 行的，该面按正文满版计算字数。对小号字排版的夹注文字，可采用折合行数的方法，比照脚注文字进行计算。

5. 封一、封二、封三、封底、护封、封套、扉页，除空白面不计，每面按正文满版字数的 50%计算；版权页、书脊、有文字的勒口，各按正文的一面满版计算。

6. 正文中的插图、表格，按正文的版面字数计算：插图占一面的，按正文满版字数的 20%计算字数。

7. 以图片为主的图书，有文字说明的版面，按满版字数的 50%计算；没有文字说明的版面，按满版字数的 20%计算。

8. 乐谱类图书、地图类图书，按满版字数全额计算。

9. 外文图书、少数民族文字图书，拼音图书的拼音部分，以对应字号的中文满版字数加 30%计算。

## 三、图书编校差错的计算方法

1. 文字差错的计算标准

（1）封底、勒口、版权页、正文、目录、出版说明（或凡例）、前言（或序）、后记（或跋），注释、索引、图表、附录、参考文献等中的一般性错字、别字、多字、漏字、倒字，每处计1个差错。前后颠倒字，可以用一个校对符号改正的，每处计1个差错。书眉（或中缝）中的差错，每处计1个差错；同样性质的差错重复出现，全书按一面差错基数加1倍计算。阿拉伯数字、罗马数字差错，无论几位数，都计1个差错。

（2）同一错字重复出现，每面计1个差错，全书最多计4个差错。每处多、漏2～5个字，计2个差错，5个字以上计4个差错。

（3）封一、扉页上的文字差错，每处计2个差错；相关文字不一致，有一项计1个差错。

（4）知识性、逻辑性、语法性差错，每处计2个差错。

（5）外文、少数民族文字、国际音标，以一个单词为单位，无论其中几处有错，计1个差错。汉语拼音不符合《汉语拼音方案》和《汉语拼音正词法基本规则》（GB/T 16159—1996）规定的，以一个对应的汉字或词组为单位，计1个差错。

（6）字母大小写和正斜体、黑白体误用，不同文种字母混用的（如把英文字母 N 错为俄文字母 И），字母与其他符号混用的（如把汉字的〇错为英文字母 O），每处计 0.5 个差错；同一差错在全书超过 3 处，计 1.5 个差错。

（7）简化字、繁体字混用，每处计 0.5 个差错；同一差错在全书超过 3 处，计 1.5 个差错。

（8）工具书的科技条目、科技类教材、学习辅导书和其他科技图书，使用计量单位不符合国家标准《量和单位》（GB 3100～3102—1993）的中文名称的、使用科技术语不符合全国科学技术名词审定委员会公布的规范词的，每处计 1 个差错，同一差错多次出现，每面只计 1 个差错，同一错误全书最多计 3 个差错。

（9）阿拉伯数字与汉语数字用法不符合《出版物上数字用法的规定》（GB/T 15835—1995）的，每处计 0.1 个差错。全书最多计 1 个差错。

2. 标点符号和其他符号差错的计算标准

（1）标点符号的一般错用、漏用、多用，每处计 0.1 个差错。

（2）小数点误为中圆点，或中圆点误为小数点的，以及冒号误为比号，或比号误为冒号的，每处计 0.1 个差错。专名线、着重点的错位、多、漏，每处计 0.1 个差错。

（3）破折号误为一字线、半字线，每处计 0.1 个差错。标点符号误在行首、行末的，每处计 0.1 个差错。

（4）外文复合词、外文单词按音节转行，漏排连接号的，每处计 0.1 个差错；同样差错在每面超过 3 个，计 0.3 个差错，全书最多计 1 个差错。

（5）法定计量单位符号、科学技术各学科中的科学符号、乐谱符号等差错，每处计 0.5 个差错；同样差错同一面内不重复计算，全书最多计 1.5 个差错。

（6）图序、表序、公式序等标注差错，每处计 0.1 个差错；全书超过 3 处，计 1 个差错。

3. 格式差错的计算标准

（1）影响文意、不合版式要求的另页、另面、另段、另行、接排，空行，需要空行、空格而未空的，每处计 0.1 个差错。

（2）字体错、字号错或字体、字号同时错，每处计 0.1 个差错；同一面内不重复计算，全书最多计 1 个差错。

（3）同一面上几个同级标题的位置、转行格式不统一且影响理解的，计 0.1 个差错；需要空格而未空格的，每处计 0.1 个差错。

（4）阿拉伯数字、外文缩写词转行的，外文单词未按音节转行的，每处计 0.1 个差错。

（5）图、表的位置错，每处计 1 个差错。图、表的内容与说明文字不符，每处计 2 个差错。

（6）书眉单双页位置互错，每处计 0.1 个差错，全书最多计 1 个差错。

（7）正文注码与注文注码不符，每处计 0.1 个差错。

# 参考文献

[ 1 ] 张天定. 图书出版学[M]. 郑州：河南大学出版社，2006.

[ 2 ] 刘拥军. 现代图书营销学[M]. 苏州大学出版社，2007.

[ 3 ] 易图强. 图书选题策划导论[M]. 中国人民大学出版社，2009.

[ 4 ] 中国编辑学会，全国出版专业职业资格考试办公室. 有关出版的法律法规选编[M]. 北京：中国大百科全书出版社，2007.

[ 5 ] 周蔚华. 出版产业研究[M]. 北京：中国人民大学出版社，2005.

[ 6 ] 全国出版专业职业资格考试办公室. 出版专业基础知识（初级）[M]. 武汉：崇文书局，2004.

[ 7 ] 全国出版专业职业资格考试办公室. 出版专业基础知识( 中级 )[M]. 上海：上海辞书出版社，2004.

[ 8 ] 陶明远. 现代国际图书版权贸易的特点[J]. 出版发行研究，2007（2）.